非创不可

创业我有料
你有梦想吗

主编 王光荣

上海市静安区人力资源和社会保障局 组稿

科学出版社

北京

内 容 简 介

在"大众创业、万众创新"的时代背景下,在扎实推进第二轮上海市创业型城区创建工作的过程中,涌现出一批成功创业的青年人,我们从中选择一部分有价值的案例和成功企业家的感悟及经验,与广大有意创业和正处在创业初期的创业者分享。本书共分为三个部分,第一部分是园区创业者的创业故事,第二部分是成功企业家的感悟和经验,第三部分是创业服务机构的服务模式和思考。本书既有理论,也有实例;既有创业大咖的精彩观点,也有企业家的实战干货;既有激情澎湃的创业历程,也有专业实用的创业指南。本书主要对象是以85后、90后、00后为主的创业人物,因此在章节名称中也呈现出"活跃、幽默、诙谐、风趣"的元素,体现编委们对当代青年创业者的关爱。

本书可供有意创业或处于创业初期创业者等参考和阅读。同时,也可以对高等院校希望创业的学生和对创业感兴趣的相关人员提供一定的帮助。

图书在版编目(CIP)数据

非创不可:创业我有料,你有梦想吗/王光荣主编;上海市静安区人力资源和社会保障局组稿. —北京:科学出版社,2017.12
ISBN 978-7-03-055442-0

Ⅰ.①非… Ⅱ.①王… ②上… Ⅲ.①创业-研究 Ⅳ.①F241.4

中国版本图书馆CIP数据核字(2017)第279452号

责任编辑:潘志坚
责任印制:谭宏宇 / 封面设计:殷 靓

科学出版社 出版
北京东黄城根北街16号
邮政编码:100717
http://www.sciencep.com

南京展望文化发展有限公司排版
上海锦佳印刷有限公司印刷
科学出版社发行 各地新华书店经销

*

2017年12月第 一 版 开本:B5(720×1000)
2017年12月第一次印刷 印张:13 3/4
字数:244 000
定价:110.00元
(如有印装质量问题,我社负责调换)

《非创不可：创业我有料，你有梦想吗》编辑委员会

主　编
王光荣

副主编
汤　虹　刘利亚

策　划
徐能达

组　织
陈国伟　陈　欢

编　委
（以姓氏笔画为序）

王　霆　王光荣　王伟昌　方金传　朱晴雯
刘忆维　刘利亚　汤　虹　孙一蕾　李艳华
沈　健　陈　欢　陈国伟　周　醒　赵佳林
徐　俊　徐　洁　徐能达　常　隽　葛幸蔼
董　煜

整　理
王　霆

插画设计
胡　樱　有聪颖

序一

党的十九大提出"加快建设创新型国家，鼓励更多社会主体投身创新创业"。此刻，坐在案前，为《非创不可：创业我有料，你有梦想吗》写序，脑海里不断浮现出书中一个个充满激情的创业者、一段段精彩感人的创业故事。这些人和事，让我再次感受到了大众创新创业的汹涌热潮和磅礴力量，内心感到非常振奋，也很受启发。

中国特色社会主义进入新时代，着力解决好发展不平衡不充分问题，更好地满足人民日益增长的美好生活需要，创新创业已成为一个国家，一座城市发展的主旋律和永恒主题。从帮帮、服务社、非正规就业劳动组织到创业园区、创业孵化园、众创空间，10年纵横，上海大众的创新创业之火已悄然点燃。近年来，上海更是把鼓励创业作为促进就业的主干道和主攻方向，2015年底推出"6+6"的创业扶持政策后，精心打造"海纳百创"公共服务平台，汇聚各方资源，凝聚社会力量，弘扬创业文化，努力为创业者造梦圆梦。根据最新的上海市民创业状况调查数据显示，2016年上海整体创业活动率为11.9%，意向创业活动率为15.2%，相比前两年呈现持续上升的势头。值得注意的是，2016年上海16—35周岁青年的创业活动率为12.4%，也就是说，在每8位青年中就有1位是创业者。此外，通常每位创业者平均可以创造8.8个就业机会。

上海已连续三轮实施"鼓励创业带动就业行动计划"，鼓励各区发挥优势，形成合力，推动开展创新创业工作。静安区坚持用创新精神去做创业工作，在这方面做很多有意义的探索，取得了不少成功经验。

理念创新，贯穿静安创业工作的始终。在这里考察时，我们欣喜地发现，静安已围绕区域"一轴三带"发展战略及特色产业，打造出独有的创业名片。在静安的创业地图上，我们可以清楚地看到——在北部，以上海聚能湾高新技术创新创业园为代表的园区带，是中环两翼产城融合发展集聚带的重要支撑；在中部，以蓝梦谷·苏河湾人力资源产业青年创业孵化园为代表的园区带，为苏州河两岸人文休闲创业集聚带蓄能添力；在南部，以上海创客中心、创极无限为代表的园区带，与南京西路两侧高端商务商业集聚带互为呼应；73个国家级、市级、区级、街道级、社会合作园区在贯通南北、共享互融的复合发展轴上星罗分布。多点多面、错位竞争、梯度发展的园区布局及低成本、便利化、全要素、开放式的创业服务，延长了创业园区生态链长度，增强了创业企业的活

序一

力、生命力。这些好的经验和做法值得总结并加以推广。

"改革基因流淌在城市血脉，创新之火犹如薪火相传"。如今，最活跃的创新力量、最前沿的创业产业，正在静安涌动。静安在成功构建了新型创业生态链的同时，创新运用"牵手政策、牵手人才、牵手资本、牵手导师"智慧模式，引新技术、新产品、新业态、新商业模式，建立创新行业产业链，服务经济社会发展，在转型发展中实现创新创业促进就业。静安是国际化城区，更是创业热土、圆梦之地，包容性和开放性让她独具魅力，先进的扶持理念、完善的扶持政策、精准化的创业服务，让海内外怀有创业梦想的有志者近悦远来。无数个创业梦想在这块福地上起飞、翱翔，《非创不可：创业我有料，你有梦想吗》则用心记录了这些创业者的故事和心路历程，并分享了创业专家的智慧。

这本书从创业者代表、成功企业家、行业专家学者及创业工作者等角度分享创新创业经验和体会，视角多元、感受新鲜，对创新创业有一种颇有新意的解读，既有实录，也有思考、有观点。让我们不仅走进了创业者真实而丰富的内心世界，也为他们的创业激情和创新精神所打动。对于意向创业的读者而言，这本书能激发他们创新创业的热情；对于正在创业的读者而言，这本书能引起他们情感的共鸣。这本书的最后还介绍了静安创业园区资源及创业服务特色等内容。相信这本书能给大家带来不少启发和帮助。

国际静安，圆梦福地。我们有足够的理由相信，敢于拼搏、善于探索、勇于开拓的静安将以十九大精神为引领，继续不忘初心、继续前进，为创业者打造更多实现梦想的广阔舞台，为上海注入更多的创新创业价值能量，为"大众创业、万众创新"谱写更加生动的新篇章。

张岚

2017 年 11 月 12 日

序二

党的十九大提出"鼓励创业带动就业,实现更高质量和更充分就业"。今年是上海市"鼓励创业带动就业三年行动计划"第三轮的最后一年,扶持创业经过了1.0时代向2.0时代的转移,由"扶持生存型创业"向"机会型创业"发展。当前,3.0版创新型时代开始形成,产城融合、智能铸造已成为未来创新、创业的大方向。

"大众创业、万众创新"已在静安形成广泛共识,这不仅仅是因为大众创新创业对经济的推动贡献,也反映出大众创新创业具有强大的社会基础,被广大人民群众认同和期待。推进"大众创业、万众创新"是静安培育和催生经济社会发展新动力的必然要求,是静安促进就业的重要举措,是激发静安创新潜能和创业活力的有效途径。

区划调整后的静安区有了更雄厚的综合实力、更广阔的发展空间、更丰富的资源要素。站在新的起点上,如何更好地打造创新创业环境,更好地为创业者服务,静安认真思考、努力实践。我们坚持以习近平新时代中国特色社会主义思想为指导,围绕区域"一轴三带"发展战略构建创业生态链、建设创新链,在转型发展中实现创新创业,通过创新创业助推"深化转型、内涵发展"。创新不是管出来的,而是放出来的。我们以政府之"退"换市场之"进",主动转变政府职能,释放市场红利,激活创业者智慧,努力通过全要素的配套政策扶持、信息化平台服务及简政放权等,全力为创新创业营造宽松环境。

静安致力成为国际化程度更高、综合竞争力更优、群众幸福感更强的城区,正在向国际创新创业活力城区大步迈进。十三五期间,静安正紧紧围绕"一轴三带"发展战略,以聚能湾国家级高新技术产业园区为引领,以XNode、联合创业办公社国际化元素为模板,以健康智谷专业化园区为导向,全力打造万众创新动能区、大众创业驱动功能区及精品孵化功能区。同时,打造一批创业示范基地和创业创新公共平台,积极推进创新与创业、线上与线下、孵化与投资、产业与项目相结合的创新创业孵化服务新模式,不断完善"市场主导、风投参与、企业孵化"的创业生态系统。创业工作不只是做现在,还要做未来,静安定将抢抓机遇、乘势而上,努力成为上海中心城区创新创业发展的新标杆、新亮点,为实现"两个一百年"奋斗目标、实现中华民族伟大复兴的中国梦不懈奋斗。

序二

在静安 37 平方公里的土地上，每一粒创业的种子都无比珍贵。他们用不一样的故事共同奏响了静安奋斗的乐章，用无数的梦想与静安一同扬帆远航，用勤恳的汗水与静安共铸出最璀璨的辉煌。从某种意义上而言，《非创不可：创业我有料，你有梦想吗》可以说是对静安创业工作的一种记录、总结、思考。这本书分为三个部分，第一部分主要是园区明星创业者和企业的故事，这些来自不同赛场上获奖的创业者用心讲述了他们的创业故事。第二部分主要是成功企业家的感悟和经验分享，以及上海市创业指导专家志愿团的专家从企业、法律、财务、投资等各自专业的角度谈初创企业应该注意的问题，希望能对创业意向者未来创业起到引导帮助作用。第三部分主要是简要介绍落户在静安的创业园区开展创业服务的情况，分享外国友人在上海创业的感受，以及创业服务特色工作的提炼和体会。希望这本书能让大家更好地了解静安的创新创业环境，希望有更多的有志青年来静安创新创业。静安，愿为每一颗创业种子孵化理想、成就未来，愿助每一颗创业小苗成长为参天大树。

不忘初心，静安非创不可！创业有梦，静安继续前进！

2017 年 11 月 10 日

目 录

序一
序二

一样的创业梦，不一样的精彩

商贸服务业
不是"买买买"那么简单
灵信视觉"跨界"玩出新花样 / 003
您身边的细胞生物学专家 / 008
创业无"备胎" / 011
匠心"智"造 / 013
好风凭借力，创业正当时 / 015

金融服务业
现代"金服"的正确打开方式
筚路蓝缕，以启山林 / 018
共享旅游＝人人微创业 / 021

文化创意产业
没想到你是这样的文创
新浪潮，骑鲸客 / 025
创投产业新媒体 / 028
不负初心，绘艺至臻 / 031
悦印悦美 / 036
视频内容新主张 / 039

专业服务业
用我的专业换您的满意
力德：心系员工，创业如诗 / 043
聚集阳光能量的创业者 / 049

目录

让基因与您对话	/ 055
一本正经的传统创业	/ 058
妙手仁心，颈医卫	/ 060
全民健身，动起来！	/ 062
竹饰新语，绿色梦想家	/ 064
创业咖啡匠的工匠精神	/ 067
大音希声·追求极致	/ 070
我的生活我做主	/ 072

信息服务业
信息才是互联网的主场

开荒溯源之路	/ 076
信息化平台的私人订制	/ 079
同学，有你的快递	/ 081
别扔，修一修	/ 087
"我们是互联网+，不只是律所"	/ 090

排排坐，听听创业大咖怎么说

活动篇
高手过招，别只吃瓜围观

世界这么大　一起去闯吧	/ 097
"天分、勤奋、缘分、本分"	/ 097
沉得越深　浮得越高	/ 099
独角兽、死亡谷、热血情怀	/ 100
筑梦静安创未来　撸起袖子一起干	/ 101
如何把创意变成生意	/ 101
如何把想法变成办法	/ 105
如何把才气变成财富	/ 110
煮一锅"腌 do 鲜"　品味"互联网+文创"	/ 114
咸肉说：一个"骑鲸客"的创业体会	/ 114
春笋说：一个女神的创业自白	/ 118
鲜肉说：一位从龙套逆袭到导演的筑梦者，如何支招创业？	/ 121

导师篇
高士点拨，完美避坑手册

摆渡人	/ 124
孤舟	/ 128

守住创业底线	/131
初创期资产管理划重点	/135
当我们谈论 VC 项目时我们谈论什么	/139
早期风投的套路	/144
不简单的商业计划书	/147

攻略篇
高人指路,创业自有大学问

创业 3·1·5 "右手法则"	/152
小微企业发展 未病先治	/155
找准定位,格物致知	/159
企业初创期的税务实务	/162

手拉手,创业你不是孤身一人

孵化园
37°C——破壳最合适的温度

JIEC:汇聚创新能量 服务创业企业	/171
P2:联合办公先驱者 智能办公践行者	/175
XNode:用国际化角度,专注服务创业者	/178
科技企业孵化器的发展之路	/183

外国友人
"歪果仁"也来静安创业啦

我和力德的冒险之旅	/187
健康智谷的绅士	/190
XNode 的 247tickets	/192

我们
如果我是你……

猜,我们是谁	/196
你来创,我来帮	/199
创业驿站给力计划	/201
勇毅笃行,创新致远	/204

编后语 /207

一样的**创业梦**，
不一样的**精彩**

商贸服务业

不是"买买买"那么简单

灵信视觉"跨界"
玩出新花样

陈大明
上海灵信视觉技术股份有限公司
作者：陈大明
　　　张静（上海大学研究生创业俱乐部）

创业人物：陈大明，上海灵信视觉科技有限公司董事长、总经理，上海市图像图形学会顾问。2006年创业，2015年11月登陆新三板市值超过3亿元。从灵信电子到灵信科技，再到灵信视觉、灵信数字、灵信体育、灵信物联，十载风雨变革，灵信的掌舵人陈大明从未停止其不断将企业发展壮大的不屈不挠的奋斗。

在中国，无论是人潮涌动的地铁站台、繁华时尚的商厦中心，还是高大通透的写字楼建筑，都会有处亮眼的色彩，它展现了一座城市的商业活力，充当了代言城市现代精神的载体，更被誉为新时代下城市的名片——LED显示屏。随着图形、图像处理技术的普及，LED显示屏应用愈加广泛，不但在室内外广告信息发布、交通引导方面发挥着重要作用，也逐渐渗透到体育、媒体、互联网等多个领域。

成立于2005年10月的上海灵信电子科技有限公司（现灵信视觉），就是这样一家以LED显示系统研发为主的企业。董事长兼总经理的陈大明，便是一手缔造了灵信视觉十年风雨传奇的创始人物。

初见这位在上海大学的优秀校友是2016年7月22日，在灵信视觉公司明亮的会议室里，陈大明从繁忙的工作中短暂抽身，接受了我们的采访。

初心的选择：创业者需要先付出

陈大明刚进入上海大学就读研究生时就萌发了创业这个念头，而2006年参加创业大赛，则在陈大明心中播下了第一颗创业的种子。

2005年10月，刚刚起步的灵信电子科技有限公司，办公地点只是学校延长校区G2楼的一间宿舍，这是陈大明和他的创始团队最艰苦的时期，"真正走上创业这条不归路的时候，遇到的困难和挫折超出我的想象"。公司的起始资金为创始团队四个人一起费力拼凑的30万元，其中，最早投入的15万元还是陈大明向父母借来的"结婚用款"。他承诺对这 15 万元的"借款"自负盈亏,虽然抱着满心疑虑,父母还是被儿子坚定的态度打动了,"我爸妈应该算是我的天使投资人",陈大明笑着说。

十年前的创业环境相对较差,许多家长对创业理解得很片面。而如今,"大众创业,万众创新",大部分人对创业持宽容态度。十年间人们对待创业的心态变更,也印证了创业环境的巨大变迁。

得到支持的陈大明无疑是幸运的,而能够获得身边人的信任和帮助,正是源自他一直以来秉持的态度——创业初期再穷再难也只用自己的资金,为的是贯彻创业者那份不屈不挠的坚韧意志。

"刚开始的态度是很重要的,创业一定要自己先付出。"陈大明特别强调。这也是他们对待创业这件事,发自内心做出的选择。

团队的力量:合适比优秀更重要

对合作伙伴的选择,陈大明有自己的理解。

灵信创始团队一共四人,严格意义上来讲,只有陈大明自己是学生创业。考虑到学生创业者的身份,和可能缺乏资金、经验、市场基础和心理适应力的实际情况,陈大明认为,要在短时间内能够完成产品开发工作,几个人必须互补。这也是陈大明选择团队合伙人的准则之一。

第二个准则是成员必须拥有优秀的个人品质,包括价值观念、时间观念、性格特征等。他表示,拥有优秀品质的伙伴,才能在人与人的持续性相处中通过考验,也会使企业长期发展的利益分配问题得到良性解决。

创始人必须"门当户对"是陈大明的第三个准则,他认为每个成员的学习经历、社会经历等背景不应有过大的悬殊,大家对未来抱有一致的认同感,才能走到一起共同努力。而合作伙伴的选择是一件"勉强不来"的事情,每一位成员不一定是最优秀的,但一定是最合适的。团队能力会在磨合之中逐渐增强,所以在灵信,"合适比优秀更重要"。

如今的灵信有着 150 多人的团队,有责任感、能力优秀的成员比例越来越高。其中有些成员都是陈大明熟悉的同学,他们角色转化迅速,并能够很快融入团队。其实,这也是陈大明对待团队的第四个准则:在不同的时间和状态下,需要用不同的方式进行成员选择。

品牌的策略:技术创业者的市场探索

陈大明坦言,作为技术出身的创业者大多拥有不擅长把握市场的弊病。

尤其在 LED 行业，显示驱动、图像控制、视频处理等市场体量可观。没有太多的竞争对手，公司起步期可以避免过多的打压，但因行业较窄也必须防止公司遭遇市场瓶颈和天花板效应。

十年来，团队一直在思考公司业务该何去何从，为此也尝试过大大小小的变革，尤其是 2013 年一度使公司陷入危机的渠道变革，令他尤其印象深刻。

此前灵信视觉以完成客户项目为公司主要业务，主要依赖合作者的口碑，这也导致公司一直缺乏自己完整的品牌与产品链。为突破这一限制，2013 年，灵信进入渠道扩张模式，通过在武汉、郑州等城市设立办事处的方式直接建立与经销商的渠道网络。长线作战必然伴随着高昂的成本，大笔费用投入市场营销，渠道铺设却效率有限，资金迅速流逝、团队陷入动荡，甚至有一位创始人想要离开……公司几乎在崩溃的边缘，谈及这段磨难，他将其形容为："子弹快打完了，却发现敌人还没杀死。"

在最困难的时候，他也未曾忘记自己创业初的那份决心，"如果公司最后只剩下我一个人，我也要把最后一颗子弹打完"。带着坚定的意志，他和团队努力支撑，终于在 2014 年初迎来曙光，引入 A 轮风投解决了资金链断裂的燃眉之急。同时，公司改变策略寻求与大型渠道商的合作，将办事处的设立方式转变为与各城市经销商联合，开拓市场转变为管理经销商，在强化市场占有率的同时规范服务，为公司积攒了良好的品牌影响力。在磕磕碰碰探索市场的路上，灵信终于如愿一步步建立起自己的品牌。

目前，灵信拥有灵信物联、灵信体育、灵信数字三个子公司，看似着力不同的行业，其实拥有同一个发展目标——为市场做延伸。

2007 年底，灵信拿下了北京奥运 LED 线路指示牌项目。这个项目施工繁杂，但也因此，灵信在圈子里渐渐小有名气，市场道路越来越宽。在为许多大型体育场馆安装 LED 大屏幕时，陈大明发现，体育场馆缺乏比分系统、计时系统、裁判系统等视觉配套设施是一个普遍存在的问题，在我国鼓励体育事业建设的宏观环境中，这里竟是一块近乎空白的市场。看准此番机会，公司立刻开始跟进相关产品，并逐渐形成独立的专业团队，这也是"灵信体育"诞生的契机，它被陈大明视为未来可以借助风口顺势"逆袭"的重要布局。"灵信进入资本市场以后也需要有概念，而体育产业既是一个健康产业也是一个朝阳产业。"

在寻求品牌建设的同时，这群技术创业者也找到了牢牢抓住市场的方法。

海外的世界：放眼全球化经营

如果说灵信体育是 LED 配套产品的延伸，那么灵信数字则是 LED 概念的延伸。灵信数字团队孵化于 2016 年初，以研发室内光定位技术为主，这一技术能够弥补 GPS 定位辐射不到的室内空间，具有相当广泛的应用前景和巨大的商业价值。这次，灵信不仅希望解决国内行业市场存在的空缺，还想为一个全球性技术问题找到答案。

这家新生子公司是灵信发展道路长期布局的重要一步，也展露出陈大明将灵信推向全球范围经营的远大目光。

其实早在 2013 年，陈大明就开始构思灵信的海外发展之路。从东南亚起，在广泛进行实地考察之后，回到国内的陈大明开始着手铺展，并逐渐开辟了印度、伊朗、俄罗斯、迪拜等市场。在此过程中，他不但接触到海外优秀的技术和前沿行业经验，也开始学会用全球化的眼光看待整个市场，逐步学习解决公司外贸发展过程中暴露出的问题。

当被问及灵信拓展海外市场有什么优势时，陈大明却语出惊人："没有优势"，他答道，"只是打法比较先进。"区别于一般的外贸路径，陈大明选择观看展会、拜访海外经销商、拜访当地客户等脚踏实地的方式，逐渐使品牌落地。

在公司规模有限的情况下，跳过产品塑造品牌是极其大胆的决定，但这也是灵信人一贯的风格：既胆大又心细，既仰望星空，也踏实前行。陈大明同样也坚持认为自己没有做什么了不起的事，只是做了别人不敢做的事。

进军海外市场看似有条不紊的举措里，却凝聚着长达数年的准备。将来，随着国内技术的成熟，灵信会继续将产品推广出去，使品牌产生更大价值。

创业者的赤子心：前行，永不停息

2015 年底，灵信视觉在"新三板"正式挂牌，陈大明感到喜悦，但并不满足。对他来说，创业的目标并不意味着物质生活水平的提高，十年来灵信的专注，都是为了在 LED 领域留下自己的品牌印记。

"新三板"使公司进入了一个新的世界，同时也带来新的发展要求：未来的灵信必须更规范、更专业、更强大。只有充分整合内外资源，才能把企业推向更高的资本市场。

现在，陈大明和他的团队又开始进行新一轮探索——在"互联网＋"环境下，如何创造与互联网大数据链接起来的 LED 云平台。如果户外屏幕能够成为云端大数据的入口，加上灵信数字主攻的全球化室内光定位技术，会极大地降低数据采集的成本，这对于信息传播和精准营销都会产生颠覆性变革。针对这一未来的战役,陈大明表示,团队已经准备了三年,尚在筹划初级阶段。他们像最优秀的战士,谨慎、耐心、审时度势,但在时机来临时一定要勇敢、果断、万丈豪情。

　　陈大明说,创业,是一场伟大的冒险,上天给他的,不是冒险的技能,而是自强不息的精神,对未来生活的热忱,还有不屈不挠的坚持。他也很愿意将自己创业的经验与年轻的小创客们分享。历经风雨后成功的硕果是甜蜜,一路披荆斩棘的付出是苦涩。与他对话,我们也仿佛窥见了一小段风雨人生,听到了创业之路的波澜壮阔,看到了创业者的智慧与热情,愿LED匠人初心永葆、路有风雨却终见彩虹!

您身边的细胞生物学专家

张金保

妙顺（上海）生物科技有限公司

作者：张金保、沈艳

创业人物：张金保，妙顺（上海）生物科技有限公司董事长、CEO，上海江西商会理事、江西中医药大学上海校友会副会长。2009年自主创业，于2014年创立"妙顺生物"并入驻市北孵化器。专注于细胞生物学领域，秉承"民为贵，社稷次之，君为轻"的思想，立志为中国生物医药事业添砖加瓦。

我读书的时候，喝的水里、吃的饭里都是混有泥沙的。对于在城市里长大的人来说，这一点可能是无法想象的。然而，也正是因为这样的成长经历，让我从小就决心要改变自己的命运与未来。

1995年，那年我正读初一。虽然年纪不大，但我已经对自己的人生目标做了深入的思考并坚定了自己的目标：立志从商。当时我的志愿是先做一名专业的医药代表，继而在高考前夕决定报考江西中医学院中药学专业。所以大学四年，我一方面学习大量的药学知识，另一方面我则不断地以兼职实习的机会接触医药销售这一领域。

2003年，关于医疗腐败的报道铺天盖地，媒体更将矛头直指医药代表。这件事犹如一根针，深深地刺痛了我。但也正因如此，我更加坚定：一定要在这一行干出成绩！即便一个人的力量微不足道，但一定从我做起，改变中国医疗现状！

为了能有更大的空间、有更好的发展机会与平台，毕业前，我孤身一人来到上海。也是一次偶然的机会，我接触到了生命科学，深入了解后发现这是我一直以来想要追求的事业方向，只有不断完善我国的医药领域研发技术，才能使国民健康与生活质量有最高的保障。于是，我从最底层、最基础的销售岗位做起。为了拜访客户走坏了好几双鞋，为了省1元钱少坐几站公交，每天只用馒头果腹、省吃俭用为的是能把钱花在英语学习上，因为我知道，欧美在生命科学行业领先于中国，自己必须加强英语学习，补上短板，才能追赶上国际的步伐。

2009年，我创立了"妙通生物"，主要业务是代理抗体试剂，也因此正式走向创业之路。

2014年，经过几年的探索与发展，我又创立了"妙顺生物"，并入驻市北高新孵化器，主要业务放在了原代细胞领域并同时布局干细胞业务。妙顺（上海）生物科技有限公司，是一家集研发、技术服务、销售为一体的生物科技公司，主要是为新药研发的企业和科研机构提供原代细胞及配套的产品和服务，成为新药研发企业的伙伴，助力新药研发。通过提供高质量的产品与服务，协助这类企业更好地进行新药研发工作，体现企业的商业价值与社会价值并达到造福群众的目的。

2017年，我迎来了创业的第8个年头。回想创业之初，资金有限，办公室就租借了一间2室1厅的民居。每到中午，我和几个同事围着一张小小的茶几一起吃饭，一起讨论着公司未来的发展方向，晚上我处理完工作后就睡在仓库里的折叠床上。古语有云："天将降大任于斯人也，必先苦其心志，劳其筋骨，饿其体肤。"这句话用在我和我的团队身上，我觉得是再恰当不过了。就这样我从一家单一代理型公司起步，逐步将公司转型成为一家集研发、技术服务与销售为一体的技术性企业。目前，妙顺生物已经在全国构建了一个较为完整的销售体系，累计了40多家优质客户，如罗氏制药、阿斯利康、联合利华、强生、伽蓝等。并在此基础上，大力抓科研、搞研发。在市北聚能湾的帮助下，公司完成了A轮融资，并组建了一只由深耕神经生物学平台10余年的技术总监张高工所领导的拥有丰富实战经验与动手能力的研发团队。

孟子曰："民为贵，社稷次之，君为轻。"这句话，正是我的座右铭。对我来说，员工、客户都是"民"，员工的困难、客户的需求则为"贵"。

如今公司日益壮大，我一直想着如何为员工创造更好的办公环境。在我的公司里，为了让远离家乡的员工有时间好好陪伴家人，公司的年假比国家规定来得更长，过年总是多放几天假；对住房有困难的员工，公司建立之初免费提供住宿；就算资金周转出现问题，也从不间断每年一次的员工体检与旅游。对于员工发展，我选择放权，让员工在自己的岗位上可以伸展拳脚，把决定权最大幅度地给到管理人员。

对于客户，我永远把产品质量放第一，运输途中可能有温度问题的细胞，情愿作为被动库存公司承担也决不销售给客户。有一次，客户实验准备已经做好，急需细胞开始试验，公司人手调配不过来，下班后我就自己开车去送货。

这一切，在我看来都是值得的，没有什么比注重员工、客户的需求更重要的事，除了一件事——中国人民的健康。健康，对于一个国家而言是件大事。任何一个国家都不愿意将国民的健康托付于其他国家的生物医疗技术，那么，我们只有不断完善我国医药领域的科研技术才能使中国人民的健康指数得到最大的保证。而我所做的一切就是希望通过我个人的努力，结合我的团队，为中国的生物医疗事业贡献一份微薄之力。

有人问我，创业是为了什么？我认为：我不是为了做企业而创业，我是为了做好企业而创业。做好企业是为了什么？为了员工，为了客户，为了广大需要中国生物医疗技术高速发展的中国百姓。

创业无"备胎"

钱 洪

上海铃漉工程机械发展有限公司

作者：钱洪

创业人物：钱洪，上海铃漉工程机械发展有限公司总经理。1998年赴日留学，2000年回国在日企担任过工场翻译、总务。2012年8月开始创业。

我原先是日企的行政，循规蹈矩地工作着。总有抓住青春尾巴的念想，出来创荡一下。2012年终于下定决心，告别了服务十余年的老东家，经过一系列的筹备，决定成立一家橡胶机械公司，我要把日本知名品牌的橡胶机械设备和技术引进国内，服务于国内的厂家。提高国内橡胶制造厂家的生产精度和效率的同时也学习一下日本人的经营之道。

2012年末，我和日本知名橡胶会社的社长聊起了我的创业想法，那位企业家将近80岁，与其说他是企业家，不如说是位发明家。老先生风趣健谈，自己是40岁开始创业，也讲述了一些创业经历，得知我有这样一个想法，愿意给我技术上面的支持和帮助。故事就从这里开始了。

2013年1月我注册了自己的公司，上海铃漉工程机械发展有限公司。铃漉的精神：从细节中创造，从梦想中行动。我要梦想，我要创造，我要失败，我也要成功。淘金要千万遍地过滤，虽然辛苦，但只有淘尽了泥沙，才会露出闪亮的黄金。

经过一系列的准备后，我开始了我的创荡之路。当时面临两个选择：一是只代理产品，售后厂家负责；二是代理产品和提供售后服务并行。当时我们没有忘记我们创业的初衷，要为推动国内厂家的生产精度和效率尽一份力。虽然后期提供技术售后牵扯的问题复杂而烦琐，我们还是毅然决然地选择接受了。为了做好一系列的产业链服务，我们组建了两支团队，一支负责营销，一只负责技术售后。

营销团队组建后，我们讨论了在国内提供服务的市场定位，最终决定定位在中国地区的日本橡胶制造企业。第一，从产品接受度来讲，同一国家的品牌更容易被接受；第二，将日企作为验证产品效果的试金石。营销策略制定的同时，我们请来日本的技术人员对我们员工进行培训和指导，同时把核心技术骨干派到日本厂家进行交流学习，为日后技术支持奠定良好的基础。

在营销、技术售后双轨并行的机制下，我们的企业逐步走上了正轨。在经营过程中，我们通过客户的需求反馈打造出了一条集设计、安装、制造、售后、产品进出口于一体的完整产业链。

我们同样也背负着巨大的压力。在世界经济滞胀的大环境和中央去产能的高压政策下，制造业面临着下行的趋势。通过之前为日企服务对我们的产品进行了全面验证，获得显著效果。基于这一点，我们调整了经营策略，也一步一步走向了我们的创业初衷，为中国的橡胶机械制造企业服务，提高国内橡胶机械制造企业的生产精度和质量，随后我们同山东药玻等多个中国上市企业洽谈了合作事宜。在开拓中国市场的同时，基于产能过剩的影响，我们也把目光放在了加强设备维护及技术服务上，感谢自己的团队当初选择了困难模式。还是那句话，还是那句铃滪精神：淘金要千万遍地过滤，虽然辛苦，但只有淘尽了泥沙，才会露出闪亮的黄金。

从筹备到开业已经是第五个年头了，这五年来我学到了很多，这段经历也是我宝贵的财富。工作中也感受到了群策群力，团队力量和合作的默契。其实每件事物之间都是相通的，都是可以相互借鉴的。还有就是我做到了快乐工作，每天都可以得到新的兴奋点。我虽然不需要敲卡，除出差、拜访客户，每天我都是8点准时到公司，一到长假我还盼望上班，因为创业的每一天都是一次新生，我都能吸取新的养分，每天都在进步。我想，当工作是你的爱好的时候，就已经成功地跨出了第一步。还有就是机会都是在不安稳的时候出来的，逆境其实可以帮助提升自我。

开业期间在政府各部门的扶持下，公司注册资本从10万元增资到100万元，累计销售额1 000余万元，创造税收百万以上。

初创到扩张的过程当中，得到了曹家渡创业园区的帮助，获得2013年度静安区青年十佳新秀称号，2016年度"双创"评选活动中荣幸获得年度静安区创业明星企业，提升了我公司的企业知名度，并带来了更多商业合作伙伴。铃滪将继续履行"踏实、拼搏、责任"的企业文化，继续继承和发扬"诚信、共赢、开创"的经营理念，在未来的道路上，自身积极同区域相关企业实现产业联动，合作共赢走向更远的未来。

匠心"智"造

施 兵
上海尼恩商务服务有限公司
作者：顾晓颖

> **创业人物**：施兵，上海尼恩商务服务有限公司董事长。2014年在蓝梦谷创办公司。

2014年，上海尼恩作为初创的设计制造公司入驻上海蓝梦谷。上海是一座很有包容性的城市，它既有中小规模的跨国企业，更有世界500强大型的外资公司。在这种大环境下对刚开始创业的小企业来说，生存是很艰难的。

创业初期能找到合作的客户很不容易，比较幸运的是，公司被委托为"世界杯足球赛"赞助商百威啤酒设计开瓶器。在公司看来这不是个很难的项目。初期公司团队人员不多，好在大家有成熟的工作能力。接到这个项目的时候，每个人都无比兴奋，都有信心能够做好。客户对这款开瓶器要求很高，要精致、逼真，还要能够体现出体育精神。设计师的设计稿出来后，大家都认为不错，但出现了不小的问题。在设计稿与产品结合上，以当时的工艺很难将产品做成设计稿的样子。QC（Quality Engineer）工程师分析了大力神杯的材料，必须要找到可塑性强的材料，才能做出精致、逼真的效果。而开瓶器是金属材料，想要这两种东西的结合处不那么明显也是个非常难的问题。带着这些问题，我们开始着手思考可行的制造方法及可行的设计。

争分夺秒与时间赛跑，设计师为了解材料方面的问题，一边向QC请教，一边跑图书馆查阅讯息，整合出较全面的资料，根据资料将设计和产品有机结合。最终，设计师决定保留基础设计中可行的部分，采用大力神杯凸版的形象，为的是能够更好地表现出大力神的力量之美。而之前方案里的凹面设计并不能有这样的表现，所以未被采纳。QC工程师联系了好多工厂，也跑了很多家工厂去看材料。一次次奔跑，一次次尝试，总算有点眉目了。QC工程师将设计稿拿给几家本地的制造工厂，尝试着做了样品。在发现质量不够好并且上海本地的制作成本不低的时候，我们又与广州一家模具公司谈好了模具打样事宜，这家公司的报价还比较符合公司的要求，在保证质量的前提下，能够较好地控制成本。最初百威给的 20 天打样时间还算充裕，岂料模具师突然生病了，等待样品生产出来，已经来不及邮寄了，于是施兵当机立断"打飞的"取货，终于赶在规定的时间将样品送到。"沪穗千里半日回"的决策给他公司带来丰厚的回报，公司不但拿下了这几十万只开瓶器的业务，更正式进入百威的供货商名录。

回想起当时的那几个星期，真是紧张又刺激。虽然开瓶器看着没有那么复杂，但想做得好，也不是易事。这是我们做的第一单，客户对我们非常满意，这款开瓶器在当时百威的啤酒广告中被广泛应用。为我们今后的发展打下了基础。施兵说："团队里每个人的表现都让我觉得非常欣慰，这颗胜利的果实，是大家一起努力获得的。一个企业仅靠创业者个人的能力显然是难以生存的，唯有依靠团队的智慧和力量，才能获得长远的竞争优势与发展潜力。"

这只是创业的第一步，跨过第一道门槛，创业才刚刚开始，虽然我们在这次的项目里进步很多，但头脑中还是始终要保存着危机意识。

成功总是青睐有准备的人，多年的开拓，公司已经与全球众多知名企业建立了合作关系，先后服务过德国博朗（Braun）、日本东陶机器有限公司（TOTO）、汉高中国、韩国三星光电子有限公司（TSOE）、飞利浦家庭电器有限公司、多玛门控（DORMA）等公司。

施兵说先做点创新科技的产品，客户们也一再地强调想要有点"黑科技"的产品。公司初步试水无人机、蓝牙对接寻找器、智能手环，也有了小收获。因为我们有优秀奋进的设计师、成熟稳重的 QC 工程师、专业热情的销售人员，以及视频工作者、三维建模师等。产品更趋多元化，设计从平面向三维发展，产品向科技靠拢。为开拓市场，扩大业务，我们也参加各种专业展会，如，在上海举办的华交会等向各界人员展示公司的设计和产品，随后连续成为第 17、第 18 届上海工业博览会供应商。

这几年，公司一步一个脚印发展下来，很不容易。非常庆幸的是当初入驻"蓝梦谷创业孵化园"，得到了政府的扶持创业政策的支持、优秀创业导师的支持，让企业顺利度过了最初的岁月。创业还在路上，而路就在我们每个人的脚下。

好风凭借力，创业正当时

周洪新
上海陶术生物科技有限公司

作者：周洪新、段震

创业人物：周洪新，上海陶术生物科技有限公司总经理。荣获静安区 2016 年"创业领军人物"、2017 年静安区创业"十佳新秀"。从 2007 年萌生创业想法到 2013 年确认项目并正式组建团队进入市北孵化器孵化创业，凭着团队创业初期确定的"引进来，走出去"的信念，一直在引进国际先进药物研发基础化合物库，推广中国的天然产物（中药）走向世界的道路上孜孜不倦，上下求索。

2013 年 3 月，在聚能湾孵化器的帮助下，上海陶术生物科技有限公司正式入驻，短短三年多的时间，公司已经引进多位海归博士、硕士及国内著名高校研究院所的硕博人才，打造了一支高层次、全方位的国际团队。集研发、生产、经营于一体，在精准医疗和生命科学上游研发上进行了孜孜不倦的探索和努力。

作为一家生物技术企业，能够在正规的园区租一间合适的办公室，是我们梦寐以求的事情。但这种美好的想法总是止步于高昂的房租面前，每年二十万的房租对于刚步入创业海洋还不知水深水浅的我们是一个难以承受的负担。这时，我们幸运地与市北孵化器相遇，享受到政府的房租补贴政策的支持。时隔多年，很多朋友问及此事的时候，无不为政府对小微企业的实实在在的扶持政策拍手叫好，为孵化器工作人员的热情、专业点赞！

人才是企业发展的根本，为了让企业发展得更快、更好，我们不断地和有专业技能的人才进行沟通，希望他们能够加盟到上海陶术生物科技有限公司。但由于我们刚刚起步，规模较小，人才的引进就变得非常的困难，也是在这个时候，孵化器的团队找到了我们，向我们悉心传授人才招聘中的注意事项，并利用自己的信息网络，帮我们留意各类人才，这才打开了初始的创业人才短缺的局面。有时，我们自己也很感慨，没有园区创服的帮助，很难想象公司今日的状况。可以说正是孵化器的王总和他的团队的前期帮助，才能有我们后期迅速的发展。

解决了人才的问题，后继而来的就是资金问题了，一开始的创业经费是来源于个人筹集，但筹集总是有限度的，随着员工的日益增多，企业运营发展的不断需要，我们的资金开始捉襟见肘。为此我们找了多个投资人，希望得到支持，但一时间都难以为继。此时，又是孵化器帮我们联系了很多银行和担保公司，逐步扭转了企业现金流缺乏的窘境。目前我们企业的现金流充裕，企业运营顺畅，正是大展身手的时候。

公司目前的产品全面覆盖了人体健康领域关注的 228 个热门靶点，这些靶点和抗肿瘤、帕金森病相关的神经系统疾病、糖尿病相关的代谢类疾病、血液循环、呼吸系统疾病等息息相关。在精准医疗日益普及的当下，我们的产品正在为人类疾病的针对性治疗提供良好的研究工具和治疗手段。近几年，我们已和北京大学国家化合物样品库达成战略合作伙伴协议，向北京大学药学院大平台在新药筛选领域的工作提供有力支持；积极参与了中科院 A 类先导项目：个性化药物——基于疾病分子分型普惠新药研发专项，针对敏感人群研发适合规模人群的个性化新药；针对"复杂性疾病分子机制、患者个性化差异与药物敏感机制、药物分层特征与个性化用药模式"等科学问题，以肿瘤、2 型糖尿病等代谢性疾病和神经精神性疾病为切入点，发现并确定现有药物及自主研发的候选药物有效、无效、毒性、耐药的生物标志物，实现药物的个性化分层；依据发现的生物标志物与靶点，研发个性化新药；整合、完善、新建个性化药物研究关键资源平台、技术平台和信息平台等。

回想企业成立之初，一度只有创业团队三个骨干加上一位员工，我们为了得到国外合作伙伴的认可，几个创始人放弃春节假期，在零下二十多度的莫斯科顶着严寒与冷风和俄罗斯人进行着商务谈判。而今，我们拥有了 200 多平米的办公区，200 多平米的产品中心，遍及广州、杭州、北京、上海的销售团队和全球 120 家经销商。当然，我们知道这只是自己创业路上的一个小阶段，我们下一步将向着上市的钟声继续前行！

最后，我想对创友们说一句：想要在"创林"笑傲江湖，除了需要我们创业者置之死地而后生的决心和坚持，还离不开大好的政策东风和一群甘心情愿付出的孵化器人。

金融服务业

现代"金服"的正确打开方式

筚路蓝缕，以启山林

皋 勋
上海网商电子商务有限公司
作者：舒洁

创业人物：皋勋，上海网商电子商务有限公司董事长、总经理。毕业于上海交通大学法学院，并修读了能源工程系；2003 年联合创立了上海力联信息技术有限公司，并发展为华东地区最具规模的互联网 SP 服务企业，并于 2007 年出售；2011 年联合创立了上海网商电子商务有限公司，已完成两轮各数千万元的融资。荣获 2014 年度上海市"两新组织优秀共产党员"荣誉称号。

我们创业已经 5 年了，还是一个非常小规模的企业。公司目前还不到 100 人，销售规模 2016 年也才勉强达到一个亿，和互联网行业动辄创业 6 个月就可以收入或者估值十亿百亿的创业者来说简直不值一提。我们从事的行业也是非常交叉的整车电子商务 to B 服务行业，从来都没机会上过媒体头条，更别说被邀请参加各种大会发言了。可以说，我们是一个既不出名也不出色的互联网创业企业，我们才刚上路啊！

能够成为本书的一部分，我想，大概是我们在创业过程中所经历的那些艰难和曲折可能多一点，创业中所得到的支持和帮助多一点，创业所坚持的信念和理想的时间久一点的缘故吧！

我们成立于 2011 年 6 月，主要团队聚在一起的时间大概还要早半年。刚开始"五六个人，七八条枪"，每天聚在一起，除了业务上的摸索外，更麻烦的是在做成生意之前的问题。比如，我们不能理解为什么电子商务公司的经营范围里就不能有汽车销售，我们也为申请一般纳税人资格需要 3 个月的辅导期感到抓狂，最后当有客户提出要来考察下我们的办公场所时，我们为了在星巴克还是 Costa 接待还专门开了一个准备会。

幸运的是，我们最后选择了在聚能湾孵化器入驻。不但以低成本拥有了良好的办公场地，更重要的是孵化器的创业服务体系的支持和帮助，让我们把有限的精力能集中在技术产品的开发和业务的开展上。入驻后，我们很快就拿到了一汽大众和广汽集团等重量级的客户，顺利站稳了脚跟。

有了一个不错的开端，接下来遇到的就是钱的问题。俗话说"钱是人的胆"，对公司来说，资本就是发展的必要条件。那段时间真是很煎熬，前方业务捷报频传，BD的弟兄们拿下了一个又一个客户。后方我每天都在算公司的现金账还有几毛几分，常常是"8个锅6个盖"，恨不得把一分钱掰成八瓣用。每天最怕的事情，就是傍晚时分收到财务发来的短信："本日余额还有×千×百×十×。"另一方面，面对形形色色的PE、VC、FA我们还要打起精神，一遍又一遍地重复我们的宏伟BP。记得最清楚的是2014年11月24日那一天，我们在北京一共拜访了11个投资人，整整开了15个小时会议，最终还是一无所获，只好灰溜溜地打道回府。在回沪的夜行火车上，啤酒就着花生米，我们开始讨论信用卡取现的额度已经用完，是不是该说服老婆把房子卖了？大家脸色都不太好，一夜无语。

就在这时候，我们收到了一笔来自静安区的扶持资金75 000元——"创业驿站给力计划"专项补贴。我们会永远记得这个数字，甚至曾经把它设置为公司进门的密码。这对我们实在太重要了，有了它我们又顶过一个月，终于等来了客户的回款，可以把已经偷偷拿出来的房产证再偷偷藏回去了。我们深刻体会到，创业不仅仅是个低头干活的过程，保持抬头看天的状态也非常重要。

2015年4月，我们迎来了第一个投资机构澎湃资本。2016年7月，我们完成了第二轮的融资，引进了涌金资本，和我们并肩战斗。在他们的支持下，我们把业务范围扩展到12个互联网平台，18个整车品牌客户，5 000多家线下4S门店。整个2016年度，我们完成了20余万台的整车电子商务交易，接待了7 000多万人次的在线访客。

在2016年的公司年会上，我们评选出的年度优秀员工既不是前端杀敌的金牌销售，也不是后端支持的技术大叔，而是个刚刚大学毕业不久来公司才2年多的小姑娘。有人不服气，但是我们告诉他，这个姑娘主动出击、积极规划、踊跃申报，先后在静安区发改委、科委、经信委等领导部门的支持下取得了两大成果：一是高新技术企业认定，这可是10%的所得税优惠，再加上50%的研发费用加计扣除，仅此两项预计我们就可以节约上百万的支出。二是取得小巨人培育企业资格，这也是个百万级的支持项目。经过2年的任务期，我们刚刚通过评审被评为优秀。她一个人的工作成果就为公司增加了百万的税后净利润，相当于有上千万业务的大客户产生的价值。当然，这只是在静安区支持创新创业的环境和氛围下才能取得的成绩。所以我们常说，另一位优秀员工实际上应该是"静安区政府"。

我太太曾经问我，如果 2011 年那个夏天我们在内环买个 400 万元的房而不是去搞什么鬼汽车电商，是不是更好？我无言以对。相信很多创业者也会被问到同样的问题。

有个不知出处的统计，说是能坚持过 3 年的创业企业只有 20%。创业的确是个高风险的苦差事，我们团队也有一位创业伙伴在长期奋斗中不幸罹患癌症，好在康复情况不错。那我们一路行来到底是为什么呢？

2008 年夏天，我第一次去硅谷。看到 Y-combinator 的一面墙上挂满它投资的企业的 logo，边上写着"We can make the world better"，伴随着讲解员满满的自豪感，我顿时感觉内心被一道闪电击中（就像第一次遇到我太太时）。做一个有效率或者是有意义的公司，一起来让这个世界变得更好，这大概就是我坚持创业的初心吧，所付出的代价和错过的机会也都是值得的。这大概也是我们能筚路蓝缕，一路坚持下来的理由。

共享旅游 = 人人微创业

俞建权
上海果粒国际旅行社有限公司
作者：俞建权

创业人物：俞建权，上海果粒国际旅行社有限公司总经理。毕业于中欧国际工商学院EMBA，上海市第十届青联委员、上海市青年企业家协会会员。曾任IT类上市公司高管，在电子商务、旅游等领域拥有成功创业经验和丰富管理经验，擅长于市场营销策划和产品战略规划。运营的朋游APP项目在2016年度上海市创业大赛中脱颖而出，被选送参加CCTV2《创业英雄汇》并获得同方创投的当场抢投。

从共享单车，到共享充电宝；从共享睡眠空间，到短租、共享经济，都是资本的游戏。资本大鳄通过大量投放重资产共享资源，抢占市场，挤压小资本的生存空间，最终占领整个市场，这是一个无法阻拦的进程。

不过，凡事都有例外，共享旅游，就是共享经济中的一朵奇葩，它的繁荣发展，不仅扩大了小型旅行社的市场空间，也为个人微创业提供了更多的机会。

网友Harmony是上海戏剧学院的一名学生，和很多人在大学期间的兼职只是在奶茶店、快餐厅打工不同，Harmony在共享旅游的明星品牌朋游APP上找到了新的创业模式。她将自己对于上海戏剧学院十分熟悉的优势进行精致包装，在朋游APP上打包上架，吸引对上戏有兴趣的游客前往，而后由自己带领这些游客游览校园，获得了大量订单。和其他同学时间固定、工作繁重、收入低下的现状不同，Harmony的这份工作不仅工作轻松，而且收入不菲。

同样的案例还有很多，朋游APP通过构建新型的共享旅游平台，让更多熟悉当地文化的人，在平台上发现自己的价值，轻松实现微创业。让他们能够在日常的工作之余，将生活、娱乐、社交等进行细致统合，转化为个人独有的社会资源，合理变现。

除了在个人微创业领域，朋游APP还为小型的旅行社、小众旅游景点、别有韵味的小作坊找到了新的出路。

上海的钱小姐经营着一家吉他制作作坊,因为品牌不出名,钱小姐的吉他销售并不理想。经过朋游 APP 工作人员的介绍,钱小姐将自己制作吉他的本领精心包装,在朋游 APP 上发布出去,吸引有兴趣的网友前往,而后钱小姐亲自指导网友手工制作吉他。如此一来,不仅获得了一份来自体验吉他手工制作网友的材料费用,连带着吉他的销售量也增长了不少,还结识了一批对吉他有兴趣的新朋友,一举多得。

和钱小姐类似的情况还有很多,众多的个人、个体,或是带领游客参观小众旅游景点,或是为爱好者讲解个人技艺,或是展示工艺产品的制作细节,他们都在小众领域内发现个人价值,获得意想之外的回报。

朋游 APP 在项目设立之初,就已经意识到共享旅游和其他共享经济的差别。和其他共享类型重资产,轻个体不同,共享旅游的侧重点更倾向于个人在行动中的价值。熟悉当地文化的,可以带领游客感受当地文化;拥有个人技艺的,可以为爱好者展示个人技艺;爱好小众文化的,可以为他人讲解文化……只要你拥有一技之长,都能在朋游 APP 上找到自己的位置,实现创业梦想。

现在,朋游 APP 上共计有 1 200 多个个体,并在小型旅行社、个体工作室上架了个人产品,有一些已经接到了订单实现了盈利目的。在地域上,覆盖了长江三角洲的全部区域、京津唐的大部分区域、珠三角的一部分区域,在云南、四川、陕西等旅游热点城市,也都有了个性的产品,吸引了大量的用户前来。

朋游

未来,朋游 APP 将会继续拓展平台的覆盖层次,从基础领域着手,让更多个体享受到共享旅游带来的福利。在能够想象的未来,游客从远处来到当地,在当地人的带领下,细细体味当地的特色,并顺利地和当地人成为亲切的朋友。他们离开城市的时候,在朋游 APP 中留下自己的经历,一方面留下纪念,一方面也为后来者指明了城市的旅游方法。而在这个城市生活多年的人,他们偶然在朋游 APP 中发现了自己从来没有意识到的另外一种生活方式,他们对此感到好奇,于是前去亲身体验。摆脱了一到节假日,就只能体验人山人海的困境,充分享受到城市发展带来的便利。

而创业者们,他们甚至不需要前期的启动资金,就已经实现了盈利。他们利用自己的闲暇时间,或是完全成为全职,在朋游APP中分享自己的故事、技能、资源,把爱好变现的同时,还能收获友谊,丰富城市生活。

这就是朋游APP带来的共享旅游新局面,在这里,创业者零资金启动创业项目,无负担地开始一段新的人生,实现人生价值。而旅行者轻装上路,来到当地,找到一个熟悉的当地人,他们在当地人的带领下,感受这个地方的方方面面,和当地人轻松交流,最终成为朋友,更进一步地宣传了当地特色,吸引更多人来到当地,成为不一样的游客。

共享经济的最终目的是让每一个人都能享受到城市发展带来的便利,在这一点上,共享旅游已经走在了行业的前端,游客在这里享受到不一样的旅行体验,创业者在这里实现创业梦想,达成人生目标!

文化创意产业

没想到你是这样的文创

新浪潮，骑鲸客

王 霆
上海骑鲸客文化传播有限公司
作者：王霆

创业人物： 王霆，上海骑鲸客文化传播有限公司 CEO。导演、创意人、中国民主促进会会员、上海戏剧学院艺术硕士、上海十大青年高端创意人才、第一批静安青年英才。2014 年创办了行业内首家文创资源聚合平台——骑鲸客。凭借对创意的热忱、技术的专注，以洞悉新时代的年轻人的独特目光，为企业和品牌提供互联网视频、IP 设计一站式解决方案。

在创业以前，我一直是一名"非著名"导演。

提起导演，大家心中想到的应该是那些坐拥数十亿票房，或者在拍摄现场呼风唤雨的著名的电影大片导演；而我则是一个拍摄广告和宣传片的"非著名"导演。不要小看这个"非著名"的群体，如果加上那些非著名的设计师和创意人，这个数字全国大概有 800 万人，再加上 1 679 所艺术院校每年培养的人才，全国文创从业人员就有 1 000 万。如何发挥这个群体巨大的效力，如何让这个群体中优秀的人才更加便捷地脱颖而出，从"非著名"变成"著名"，是我一直在思考的课题。

很多好的商业模式都源于客户的"麻烦"。

2014 年，"大众创业、万众创新"和"互联网 +"的乘数效应不断显现。快速成长的中小企业，渴望对资本、对市场倾诉自己的商业故事。但讲好一个商业故事从来都不简单，企业往往很难快速找到一个最适合自己的低成本、高质量的视觉服务。在供求关系的另一端，传统视觉化内容生产方式又往往面临着创意脚本不确定、制作方式不确定、制作周期不确定的困扰，令众多的视频制作团队始终无法把自己的服务产品化、流程化和规模化。

于是我们创建了"骑鲸客"这样一个为企业提供视觉内容服务的公司，我们对每一位导演设计师进行数据化管理，帮助企业轻松地找到最适合的人选。我们将视觉内容制作各个流程环节进行细分与规范，将视觉内容制作的流程化、标准化、产品化、规模化从而提高制作效率，降低制作成本，有效地把控质量。让视频制作可以为公司、为客户节约大量时间和营销成本。

当我们的产品和服务推向市场，受到很多中小企业的欢迎，然后我们也在业内小有名气，后来我们又接了很多国际大品牌的视频拍摄，烦恼也随之而来了。因为伴随着业务越来越多，我们开始不断地加班、熬夜，我们的青年导演有些熬不住，有些也离开了一起奋斗的创业公司。

怎么才能转变他们的境遇？怎么才能让企业继续前行？我开始反思我们所处的行业，反思我身边的团队成员。

文化创意产业，尤其是视频制作领域，真是令人又爱又恨。爱的原因很简单，有趣味，有成就感，能够把自己的创造力随时融入工作中。恨的原因也很简单，那就是很多从业者把内心的理想凌驾于这个商业社会的规则之上。

爱恨交织的次数多了，矛盾也就产生了，瓶颈也就遇到了。

如何解决这个瓶颈，需要我们先看一下文创行业的公司发展趋势。

很多公司都要经历创建期、成长期和发展期。在创建期，创始人一般是专业出身，或与同事、同学，或夫妻共同创建，业务来源靠关系，收费低，规模5—8人；成长期，有了固定客户和知名作品，创始人身兼客户总监、创意总监、制作总监，妻子管着财务，收入稳定，员工发展到几十人。到了发展期，建立行业中的地位，创始人成了业内名人，聘请了职业经理人，完善了公司管理，员工规模到了100+，共同创业的搭档可能要分家，另行创业，依次往复。再之后呢，如何才能做到规模化和专业化？

创意产业到了一定规模就成了智慧密集型产业。

我们要解决的一个问题就是人，我们靠的是人，人是生产力。

可我们自己又是一群很难管的人。我们擅长创意，有理想，有个性，同时有欲望，有需求。我们缺乏经营与管理能力，大多不甘心接受被别人管理，但又不能自我管理。我们希望得到老板、客户及行业的认可，在保持专业水准的同时也保持个性，我们期待一定的财富，把希望寄托在公司和老板身上。同时老板想要发展，让企业继续前进，也非常需要他们，但更需要把他们有序地组织好，于是就有了制度，于是就产生了矛盾。

因为一般的制度是单方面的诉求，是束缚创造力的！

那么到底该如何把管理制度变成有效的共同发展的游戏规则，让有理想、有能力的年轻人转化身份来为自己创造利益。如何能够把公司变成共同发展的平台，让每一个年轻人都可以发展自己的事业，实现自己的理想。

我们借鉴了优秀的服务性行业的经验，比如，会计师事务所和律师事务所，在生产端用合伙制进行了改造。

简单地说,我们通过一个类似于网游打怪升级的方法重新调整了企业的组织结构。这是一个分工和分成的系统,我们称为七级定岗制。我们把一个项目制作团队分为七个等级,按照不同的等级配备不同的坐骑。最高级导演是骑鲸鱼的,刚刚入门的实习生是骑海星的。从下往上,依次要骑海星、鱼、章鱼、海龟、海豚、鲨鱼和鲸鱼。所在的等级不同,能够独立完成的案子的金额不同,可以获得分成比例也不同。视频制作行业是个需要分工协作的行业,接到一个案子,就如同要下副本去刷一个大怪,需要先组队,然后根据自己的等级获得相应的经验值,经验值积累到一定数值可以用来升级,最终成为骑鲸客合伙人。

随后,一个以互联网链接企业和导演设计工作室,为企业提供视觉化内容服务的平台的雏形孕育而生。在这个平台上,众多满怀激情与梦想的专业导演和设计师开始源源不断地加入骑鲸客,因为这里正逐步成为视觉行业的生态群落。文艺一点的说法,叫作与其在草原上追一匹白马,还不如你先创造一个丰美的草地让所有的马群都来找你。

创业,让你有机会释放自己的能力,你学会集中突破一个个瓶颈,用实践去检验你大胆新奇甚至疯狂的梦想。

一千多年前,有个文化创意产业的大咖叫李白,他给自己起了一个笔名,叫东海骑鲸客,他用诗篇描绘出一个浪漫世界。今天正在创业的我们,也一样骑鲸踏浪,伏波扬威,我们的征途也注定是星辰大海!

创投产业新媒体

孙　策

上海光艾文化传播有限公司

作者：孙策

创业人物：孙策，上海光艾文化传播有限公司创始人兼CEO。从2013年开始创业，是国内最早专注投资人的新媒体，旗下众创空间品牌——出类创空间是国内最早一批国家级众创空间，出类致力于推进中国创新资本的流动，让创新创业助力新经济发展。

因为大学的时候很喜欢电影，毕业之后我选择做视频相关的工作，在2012年，我所在的公司作为灿星和唯众的视频供应商，有机会接触了这些顶级节目的制作。其间，我参与了《中国好声音》《开讲了》等国内知名电视节目的现场直播与制作环节，但是很快发现，个人在这些节目中的成长有限，很多范式和框架会让新鲜感很快过去。舞台上是一个明星，幕后的我们籍籍无名、按部就班，那些光彩和我们关系不大。这时候才去思考下一步，我要去哪里。

因为长期混迹电视节目和影视领域，有一些信任我的客户开始分发一些小视频单子给我做，我找自由人来完成，单子多了之后，自然而然需要开发票、走账务，于是成立公司。我在一个8平方米的储物间，只有2台后期剪辑电脑和1部单反相机，电话分别打给了3个大学时代的老同学，2个月后，他们从广州、江西来到上海，创始班底搭建完成，开始走上创业"不归路"。

最开始就是客户驱动，客户需要什么我们来做什么，主要是企业和品牌的宣传片和广告片，2014年的业务下滑，开始让我们去思考如何走好下一步。传统视频制作依然依靠人员，算是类似劳动密集型的行业，很快就有上限。这个时候，我一个高中同学在北京做一个类似后来爱屋及乌的租房平台，来上海参加IT橘子的路演活动，我去找他，顺便听了一下。整个路演环节无数个新奇的名词和思维涌现出来，互联网创业和投资是我之前从未接触过的新领域，似乎充满魔力。当天晚上我就关注了一堆互联网创投的微信公众号，开始学习这个新领域。

我们正式试点，是以个人微信公号的方式在2014年12月15日向宇宙发出了第一期视频，用 3 分钟视频的方式采访了一位做出境旅游项目的 CEO。在我们身边的互联网创投领域里，反响不错，第一期阅读就有 3 000+。这对之前隐姓埋名给甲方做片子，从来没有署名的我们来说，无疑是颠覆的。这意味着我们独立发

声、独立审核内容、独立运营、独立沉淀资源，而且切实发现很多创业者在路演或者官网使用我们的视频，这是对价值的认可。

于是，我们决定继续免费拍摄制作 3 分钟左右的创业项目短视频，让项目创始人站到镜头面前，快速讲述完项目亮点和出类拔萃之处。

我们首先评估了自己的优势：专业视频产出能力一骑绝尘，顶尖投资人物比较高大上，我们必须错峰借力去约采访，我们就从传统媒体开始分析，因为传统媒体有影响力和知名度，但是可能在视频端或者移动端做得还不够，或者刚开始有意识去拓展这些端口，那么我们结合自身优势，对他们而言是有价值的。当发现上海《新闻晨报》有两个版面关于创业者报道的，于是我们联系他们，他们一看出类的视频不错，于是就说有些嘉宾，他们来约，我们一起采访。第一个合作就是今日资本的徐新，投资了京东，在创投领域大名鼎鼎。

采访完徐新之后，我们后续约见其他的投资人物就简单了很多，大家觉得首先出类的内容，无论文字还是视频都不错，而且徐新都接受了我们的采访，至少证明这个新媒体实力不错。

当我们陆续约到 3—5 个顶级投资人的时候，我们已经可以专注地约到更多的投资人了，约人对我们来说已经不再是难事了。

媒体是我们的重中之重，基于一个机缘巧合，认识了上大科技园的潘总，他当时正在和绿地集团谈一个校外众创空间项目，缺少适合的团队来运营空间，基于出类在媒体上的影响力，他找到了我。我们三方坐下来聊了几次，很快就达成了合作，2015 年 10 月份，我们开始有了线下空间业务，独立运营 1 200 平方米的众创空间，由于运作比较有特色，2016 年 2 月份，出类创空间入选第一批科技部火炬中心评选的国家级众创空间。

目前我们空间 220 个工位和 8 个独立房间已经全部给到了入驻项目，目前是 15 个创业团队，大多是围绕着传播端的，比如设计、媒体、社群、广告技术等。最有趣的一个团队是做广告音频技术的，通过识别音频来触发任何图文、H5、网页、视频的广告内容，很有意思，团队的核心创始人年龄都在

50岁以上，其中一人为青年长江学者，在技术层面做得很厉害。他们已经财务自由，还保持着年轻创业者的激情，做着一件可能改变未来人类接受广告的方式，很了不起。

基于出类媒体在互联网创业投资领域的影响力，开始有更多的互联网公司找到我们来做视频服务，主要来自我们的影视增值服务。我们顺势成立出类视频业务板块，为互联网成熟的创业公司提供多种类型的创意视频策划、拍摄与制作服务，已经服务饿了么、洋码头、新榜、上汽车享等50多个知名品牌。

现在回头看当初在8平方米储物间开始创业的照片，真是唏嘘感慨。雷军说过在风口上，猪都能飞起来。出类的Logo就是为了致敬雷军，也是一个小飞猪，但是这个小飞猪没有翅膀，只有一个披风，我觉得出类就是那个小猪，没有先天的翅膀，只有通过后天的努力，给自己加上披风，找到适合的风口，然后飞翔。

"I believe I can fly"，出类正是在这一次次的创业困境里寻找希望和出路，并走到现在，逐渐发展成了上海乃至全国很有特色的创投产业新媒体品牌，未来我们会继续保持创业精神和探索精神，开拓更多可能。

不负初心，绘艺至臻

赵 鑫

上海比蒙巨兽文化传媒有限公司

作者：赵鑫

　　黄雪冰、朱烨、鲍立娟（上海大学研究生创业俱乐部）

创业人物：赵鑫，上海比蒙巨兽特效化妆工作室创始人、项目实施负责人。历经一年的风雨洗礼，工作室已经参与完成脉动2016广告大猩猩制作、施华蔻两岸三地周年庆发型秀、电视剧《爱情公寓》番外篇孙艺洲伏地魔妆容制作、电影《引爆者》段奕宏假肢制作、电影《假如王子睡着了》陈柏霖伤效制作、网络电影《夜魔传说》伤妆制作、网络剧《十宗罪》伤效制作、电视剧《三生三世十里桃花》前期雕刻假皮制作等项目的特效化妆服装等制作。从灵感一现到工作室规模成型，赵鑫始终怀揣着最大的热情，笑对每一个挑战。

　　特效化妆在一些影片中有着举足轻重的作用，出色的视觉享受让观众更加身临其境，随着故事情节发展更有代入感，特效化妆师将天马行空的想象用精湛的手艺呈现给观众，渲染剧情发展的气氛，突出影片的整体效果。

　　荧幕中那些令人骇然的形象、怪兽妆、老年妆、假伤疤、枪伤、刀伤、烧伤、各类生物、机器人等都是特效化妆师巧手下的作品。赵鑫的上海比蒙巨兽特效化妆工作室聚集了一批有热情有梦想的特效化妆师。光影交错中，他们在人脸上随意拉扯时光的刻画。他们深谙人物心理历程，结合大自然和生物的元素，尽情发挥想象。他们是玩转色彩、不拘一格的魔术师。可是他们更愿意称呼自己为"手艺人"，在脑海中放飞想象力，用双手来独运巧匠心。

创业初心：始于热爱　恒于敬业

　　谈及创业灵感，赵鑫说主要源于对专业的热爱，她作为2013年上海大学数码艺术学院艺术设计专业的研究生，攻读动画方向。在进修动画专业的研究生期间，她发现特效化妆和定格动画有许多相似部分，两者都十分考验创作者的手艺和艺术基础。在导师建议下，她报读上海温哥华电影学院影视造型专业学习特效化妆。本就有着扎实的艺术学习基础，学起特效化妆更是得心应手。学习期间她经常出去参加活动的造型制作，扎实稳定的技术和沉稳细腻的性格让她在特效化妆岗位上如鱼得水。

在参与了多次特效制作后，赵鑫发现从事化妆行业的大部分是自由职业者，自己接项目。如果能够成立工作室，把一群有梦想有实力的小伙伴聚集在一起，一边合力完成项目一边累积经验。并且工作室有工具、材料和设备，还能给前期工作提供极大的便利。

怀抱着创立一个自由特效化妆工作者"根据地"的想法，赵鑫开始了特效化妆行业现状的探索。她发现目前国内影视行业繁荣发展，特效化妆的需求和发展前景相当可观。但国内除了北京的几家特效化妆工作室能做到行业领头羊外，便没有其他出色的工作室。特效化妆未来前景的勃勃生机让赵鑫下定决心，开始筹建工作室。

团队建设：凝神聚力　招兵买马

怀着抱团做事的初衷，赵鑫找到了志同道合的小伙伴，三个人一拍即合成立了最初的工作室，也就是梦想开始的地方。

自主创业的道路是一条坎坷小径。作为一家刚成立的工作室，既没有资金，又没有市场实力，大事小事几乎都要亲自上阵，辛苦不说，压力还特别大。但赵鑫觉得，创业是自己选的，再苦再累也要坚持下去，始终以积极的心态去迎接挑战。在工作室的发展初期，离不开学校的创业支持，上海大学雏鹰计划的天使基金为工作室的成长提供及时的资金帮助和创业指导。上海大学科技园还以优惠的价格提供了良好的工作环境，这便是工作室最初驻扎的地方。

敢拼敢闯的心是她坚持的源泉动力。因不安分于仅在工作室里做特效化妆，赵鑫还尝试了每个流程中的各个角色，事事亲力亲为。用她自己的话说，只有熟悉了每一步，才能带领着大家做得更好，走得更远。工期紧张时，为按期完成项目，她搬到工作室没日没夜地工作，甚至连着两个晚上没睡觉。即便如此，她依然葆有对工作的热爱，对细节把关绝不放松。

也许正是因为她对工作和专业的热爱，感染吸引了一群有着共同志向的年轻人，包括在剧组里认识的来自海外、香港、台湾的一些朋友。在思想与激情的碰撞中，诞生了工作室的核心团队，主要分为：项目洽谈、设计部门和项目实施这三大部门。在项目实施中又包括了很多技术方面：雕塑、翻模出皮、上色、跟组上妆等。这四个部分都有专人负责，团队结构合理并具有一定的互补性。赵鑫负责的是项目实施，结合对自己性格和工作爱好的综合分析，她更愿意在工作室踏踏实实地做特效化妆的前期准备工作，以项目积攒经验、以经验完善项目，进一步提高自己的技术，给观众带来出众的视觉享受。

工作团队主要是项目制的,除了核心团队之外,项目制的团队中的大多数人都是自由职业者。因为一个项目,大家相聚,迅速组成一个斗志昂扬的团队,一起努力,将自己对工作的那份热爱,对角色的理解诠释都投入到作品的完美展现中去。其实将妆容视效提高到超乎想象的境界,并不容易,这需要长时间地打磨技术。赵鑫团队放平心态,一步一个脚印,用精雕细琢的工匠精神,认真对待每一个项目,点点滴滴,积累着口碑,这也是对他们辛勤付出的最大认可。

当前挑战:精益求精　方得"十里桃花"

在影视剧中,无论是《阿凡达》中的蓝色纳美族人,还是《X战警》中的变种人,抑或是《返老还童》中由年老到年少的本杰明·巴顿,这些丰富多彩的人物造型、淋漓尽致变换的角色形象,都要归功于影视特效化妆。从妆容的整体造型细化到肌肤的纹理毛孔,要做到逼真的效果,想要骗过人们的双眼,尤其是特写镜头的考验,可不是一件易事。

工作室在技术上不断探索,一丝不苟。由于实体特效行业的业务存在周期性波动,在影视项目跟风扎堆的时候,业务异常繁忙。为了打造好一个形象,需要一二十天的工夫,活体翻模,雕塑,模具制作,制作假皮,上色,程序枯燥,细节磨人。为了保证上妆的精准,很多时候需要站着工作,而且还需要长时间弯着腰,当项目需要追赶进度的时候,甚至连着几天连轴转。很多时候,只有短短几分钟的拍摄,而上妆和卸妆却要经历长达近十个小时的漫长过程,这十分考验特效化妆工作者的体力。"累,却乐在其中。每次做新的尝试,都能学到新技能,因此这些困难基本都能克服。"这番话,也为她的创业之路作了最生动的诠释。

国内实体特效刚刚起步,原材料成本和购买渠道是他们面临的最大问题。很多实体特效用到的材料像发泡乳胶、胶水等,完全都依靠国外进口。"一开始,工作室会想尽各种办法在国外网站或托朋友购买,但运送时间比较久,有时要两个月才寄到国内,这就给项目带来一定拖延。如果在国内购买,又受代理商品牌保护影响,材料成本特别高。"不仅如此,特效化妆的每一步都需要细腻地完成,一旦需要修改又要回到雕塑重新开始,这是相当耗时耗成本的过程。不过正是因为他们的精益求精,才有了每一步的扎实进步。2016年工作室参与的项目《三生三世十里桃花》也获得了不俗反响。参加过多部影视和大型秀场特效制作的赵鑫,谈及目前工作室取得的成绩,依然十分谦虚,她说学习经验还是目前工作室的任务之一。

未来方向：仰望星空　脚踏实地

面对 CG（Computer Graphics）技术对特效化妆的冲击，赵鑫坦言，冲击是有的，但目前特效化妆不可能被取代。现在影视制作中主要是特效化妆和 CG 技术的结合。CG 技术主要用于后期制作，有的要耗时一两年，制作周期长，要实现演员每个表情动作的细腻变化需要投入更多的时间和金钱，而且技术难点也是需要突破的地方。相比 CG 特效，特效化妆的视觉效果好，成本较低，耗时少，而且可以体现面部细节，表现演员细微的感情变化，让剧情变化呈现得更细腻到位。

创业之路从来不是一帆风顺，成功之路亦如是。年轻的创业者赵鑫用"执着"和"灵感"书写着对这句话的体会。2017 年赵鑫团队获得"中国十大星级化妆师"称号，这份沉甸甸的荣耀背后是不为人知的辛劳与苦涩。由于参赛得晚，他们只能在八天内完成两件特效作品，时间迫在眉睫。对极具"匠人精神"的特效化妆师们来说，从美术的设计到艺术的完美呈现，工序繁杂，这简直是不可能完成的任务。这次比赛由好莱坞的大师亲自指导，赵鑫与团队不愿放弃这个来之不易的学习机会，为此熬了几个通宵，抓紧赶工。但作品进行到第四天时，在开模的过程中，由于开模难度大，加上使用器械时力度偏大，模具意外断裂，肩部出现裂痕，这无疑是巨大的打击。

比赛在即，能否完成作品，是放弃还是坚守？焦灼的内心时刻煎熬着他们。时间分分秒秒地过去，通宵熬红了眼睛的她心情跌落谷底，"感觉要死掉了，如果作品拿不出来，就没有办法上台，但退出是一件更丢人的事情"。赵鑫决定，哪怕硬着头皮带着不够完美的作品参赛，也坚决不退赛。赵鑫坚若磐石的信念鼓舞了团队，小伙伴开始重新整合思路群策群力，选择把断裂部分直接锯掉，对材质进行修补完善。临时回家休息的赵鑫一听说团队想出了解决方案，都顾不上睡觉，直接往工作室赶。在连续三十六个小时紧锣密鼓的探讨方案、细节处理后，赵鑫团队凭借过硬的技术实力解决了难题，最终在舞台上绽放异彩，斩获佳绩。他们的不俗表现还得到了《猩球崛起》系列的好莱坞特效化妆大师 Tibor Farkas 的赞赏。

成功的人身上都有一种特质：把时间当作最宝贵的财富来经营。对于赵鑫来说也是如此。由于特效化妆工作采用的是项目制，工作量是根据项目多少来定，往往紧张的忙碌期后是一段"空窗期"。在没项目的日子里，赵鑫团队一方面马不停蹄地发展新项目，另一方面还充分利用时间学习新技术，借助一些国外的视频，学习先进技能，包括机械仿生道具的制作，提升自己的专业素养，以更好地应对以后的工作。挖掘新的项目，勇于尝试，学无止境，精力充沛地迎接每一个挑战，是赵鑫获取成功的不竭动力。当虚拟现实技术 VR 兴起，3D 打印技术袭来时，赵鑫就思考着如何把这些技术和特效化妆更好地结合在一起，以期带来更好的视觉体验，方便与客户进行沟通交流。对新事物接受力强，能够判断出其中的价值，不能不说是得益于在"空窗期"的自我充电！

谈及未来工作室的发展方向，赵鑫做了很多思考。接下来的目标是做一个完整的角色设计项目，像《潘神的迷宫》中潘神那样的角色，从设计、成稿、制作到落地实施，全程跟进。工作室在接项目的同时，也不断拓宽自己的业务。业务之一有开设培训班，目前设置了专业型和兴趣型的不同课程体系，一方面希望特效化妆的先进技术能更好地用于化妆行业，另一方面也想挖掘出更多的人才加入到团队中。目前，工作室正在尝试结合 VR 技术和 3D 打印技术，先在电脑上做好设计稿，让导演组通过 VR 眼镜审初稿，再用电脑软件修改初稿，最后通过 3D 打印技术把小样打印下来。对于非通信专业出身的他们来说，这存在高门槛的技术难点，目前还在开发试验当中，相信很快就能应用到项目当中。

赤子之心：有梦想　就有远方

在众人眼里，赵鑫是一位娇小柔弱的女生，但实际上的她，心中鼓荡着一股创业的激情。上海比蒙巨兽特效化妆工作室自 2016 年创办至今，有一年多的时间了。从当初的几个人单打独斗，到现在扩大到十几个人的团队，工作室也从孵化基地搬到了半岛 1919 创意园区。"新的场地很大，但是工作室装修、房租这方面还是有些压力的，但是我们有信心，影视特效化妆是一个朝阳产业。"赵鑫明确工作室正处于储备资源的发展阶段，当前要紧的任务是踏踏实实走好每一步，通过大量的工作，做出足够惊喜的作品，提升客户的满意度，积攒口碑。她认为创业不仅要有经营理念，更重要的是要有奋斗的精神，既然认准这一行业，就要在这行业坚定不移地走下去，无论是什么样的项目都要全力以赴。秉持着这份初心，因为兴趣，所以坚持理想，绘艺至臻；因为热爱，才能抵抗压力，精益求精。回顾"比蒙巨兽"的成长历程，不难发现，创业不是一个光鲜的词汇，背后的酸甜苦辣只有经历过的人才会懂得其中的奥义。出于对特效化妆的热爱，赵鑫投身于创业的洪流中，她的专业水平随着项目的跟进飞速提升，而她本人像一块璞玉，创业之路的艰辛将她打磨得更加耀眼。赵鑫和她的团队一路走来，收获了欢笑与泪水，收获了荣光与苦难。创业路漫，我们也相信这位内心坚定、踏实笃行的创业者，用手中这支"马良神笔"耕耘出更加丰硕的成果。

悦印悦美

张长岭
上海悦初科技有限公司
作者：张长岭

创业人物： 张长岭，上海悦初科技有限公司CEO。以"让孩子的成长越来越美"为愿景，坚持技术与艺术的融合。

"悦印悦美"是以聚焦孩子的学习和成长，以照片为主，结合视频、声音、文字等富媒体功能，通过共享协作形式，提供线上线下相融合的云服务文化创意平台。

"悦印悦美"是一个动听的名字，谈起悦印悦美，你一定会好奇悦于何处？美在何方？在这个动听的名字背后还有一段鲜为人知的故事。悦印悦美的创始人兼CEO张长岭生长在一个和睦团结的大家庭中，由于工作原因，兄长常年离家工作，留有上幼儿园的小侄子在家中由年长的父母照看，一年中为数不多的相见让父亲错过了孩子的童年，对于父亲来说，孩子的学习、生活、兴趣都是陌生的。作为一位父亲，他渴望知道孩子在学校都学了什么，玩了什么，知道了什么新鲜事物……可由于生活的负担，对家庭的责任，"工作"让他遗憾地缺席了孩子的成长。相信，这样的现象不止出现在个别家庭。对于家人的爱，对孩子的牵挂，正是张长岭创立悦印悦美的初心。

作为一个文化创意平台，悦印悦美的产品主要关注以下几点。

1. 成长档案新模式：依托自主研发的创新平台下强大的视频、声音、照片、文字等功能，结合云端的大数据智能化处理方式，更丰富有趣、更立体完整地记录孩子的学习和生活场景，自动生成孩子们个性化的成长档案，让孩子成长的每一步都清晰可见，并可在云端保存查看。

2. 家校关系新互动：学校及教育机构更完整、连续性地记录孩子的学习成长过程，并实时呈现给家长并与之互动，有利于家长更清晰直观地了解孩子在学校的动态，通过与老师的高效互动，让自己的孩子更健康快乐地成长，同时也能提升学校的竞争力。

3. 线上线下新融合，亲子陪伴新互动：利用互联网思维，线上记录、分享、互动，连接线下家庭亲子陪伴场景，线下查看、共读、留存。实体档案结合移动设备，能呈现更多动态丰富的内容，更有趣地在家庭成员中进行亲子互动。以创新互联网产品的方式重塑紧密的家庭联系和亲密的亲子关系。

4. 启发阅读新兴趣，培养阅读新习惯：创新亲子文化消费热点，以孩子的学习生活为场景，记录它们的成长，讲述他们故事，并以精美的书籍形态展现、保存。能从小培养孩子的阅读兴趣和习惯，增强他们的学习能力，提升精神生活品质，为以后的成长奠定坚实的基础。

在公司发展过程中，我们在逐步将企业文化与使命具体化。

首先，具有参与感式的裂变式传播。公司成立之初，在各个行业里挖掘100位网红或达人妈妈为种子用户，通过深入的参与感和她们一起打磨产品。由此形成了优秀的用户口碑，并在她们的自媒体上进行口碑传播，因此通过较少的预算成本产生裂变式的口碑传播，从100到1 000、从1 000到10 000、从10 000到100 000……

其次，培养特种部队作战式团队。以特种部队式思维方式打造核心团队，用后台统一的技术和服务提供支撑，让每个人都能调用公司强大的资源进行各自的作战计划。"让战场上的每个士兵都可以做将军"，自我驱动从而实现自我价值。

最后，形成愿景和使命，驱动自我管理。孩子的成长只有一次，陪伴他们快乐健康的成长是每个妈妈最大的心愿。我们从成立第一天就以"陪伴快乐成长"为愿景和使命，以更好更简单的技术让妈妈记录孩子的成长。从环保的选材和工艺，到云端的存储。既利用智能手机的普及又发挥实体书的易于阅读性和留存性，让家长或老师在手机上简单制作、分享，通过实体书与宝贝一起亲子阅读与陪伴。

对于在创业过程中的得失我们总结了经验并进行反思。

1. 产品要满足用户的需要而不是想要：产品要从用户的需求出发，找到产品与用户的实际场景和结合点并满足他们的实际价值，而不是以设计的思维认为用户可能想要什么，脱离用户的实际需求，最终导致产品不被用户接受，既要充分地让用户参与产品的设计，又要引领用户往公司希望的方向上前进，实现用户需要和产品需要的统一。

2. 技术要领先一步而不是多步：技术上一定要领先于市场或竞争者，才能形成自己的竞争优势和护城河，但也不能为技术而技术，陷入技术的黑洞而脱离用户的适用场景，既浪费公司的巨大资源也很容易错失市场的机会，技术上既不能止步不前,同时又要领先于市场,拿捏最佳的平衡点。

3. 免费与收费的互补:作为一款互联网产品,在用户制作、分享、保存成长档案等环节采取免费模式,吸引消费者使用;用户将成长档案具体化为实体书籍时,采取收费模式,这一环节完成后,仍然可以免费保存,给消费者创造增值服务。

4. 团队成员既要互补又要文化理念的统一:团队组成要充分发挥成员之间的互补和个性化的差异,保证团队的活力,但同时在文化理念上要充分地认同和统一,大家根据一致的文化理念来自我管理,这样既能减少成员摩擦,降低公司管理成本,又能充分发挥各自的能动性与活力,向着既定的目标努力。

没有不好的环境,只有不好的企业。"当前是最好的时代,也是最坏的时代。"环境和政策就在那里,不管你喜欢与否,企业所能做的是在当前这个环境找到自己的价值,借力当前的政策导向,以为用户创造价值的角度切入,而不是一味地寻求政策的风向跟着风走,忘记了自己初心,迷失了给用户创造价值的本心。

不忘初心,方得始终。

悦印悦美,让孩子的成长越来越美!

视频内容新主张

黄元超

上海云上文化传媒有限公司

作者：黄元超

创业人物：黄元超，上海云上文化传媒有限公司执行总监、上海金融学院国际金融学院校友会秘书长。云上传媒2015年创办至今，分别获得2016年上海市女性创业大赛最有创意项目、2016年静安区创新创业优秀企业、2016年SMG电视公益广告二等奖、2017年静安区创业十佳新秀等。

云上是我创立的第三家企业。第一家叫做默客文化，成立于2013年。公司主要经营范围是活动策划。当时，由于我急于创业，开办公司，就找了一位"中介"。公司虽然很快就落实了。但是，异地经营异常烦琐。说来也巧，我的一位高中同学在这个时候找到我，想和我一起合作做一个O2O的项目。于是我们一起创办了我的第二家公司，不吐籽科技。可是好景不长，我的这位同学不久就结婚了。显然，创业也没有她想得那么顺遂。在家庭和事业中，她选择了家庭而退出了公司。这样一来，不吐籽科技的业务也停滞不前。

再三考虑下，我放弃了O2O的项目。还是选择回到文化传媒行业中专心打拼。在和太太商量后，我们一起创办了云上传媒。

之所以叫云上，是因为有一天太太和我聊天的时候，无意间提到她4岁那年做了一个梦，梦到自己开了一家公司，梦里的公司，名字就叫云上，这个梦在她幼年的记忆里非常深刻。在我们相识相知相恋的过程中，太太在我创业的道路上，一直给予我最大的理解和支持。于是我带着试一试的心态，就报了这个名字。没想到，注册成功了。

当然，这不仅仅是我太太幼年时候的梦，更是我的理想。就如同我们公司的英文名一样Beyond top，超越极限！

当时，选择在静安创业的原因有两点。一个当然是政策好，另一个是因为"情"有独钟。

毕业于市西中学的我，在18岁的时候曾经怀揣梦想，希望未来工作能够在静安。在大学毕业之后，我得到了一个机会：技术入股上海兆舜文化传播有限公司，担任创意总监。

虽然自己学习的是国际金融专业，但真正从事的却是文化传播、文化传媒领域的工作，这其中也有一段渊源。

母校市西中学以素质教育见长，在高中学习的时候，我组建了国内首支纯男声无伴奏人声乐团——MOLK组合。因为学校的支持和刻苦的努力，我们组合在高中和大学阶段取得了傲人的成绩。不但在区级、市级比赛中屡屡获奖，更在全国和世界舞台取得佳绩。一方面，我们在世界范围的专业比赛"Vocal Asia"（亚洲声乐大赛）中取得了季军的荣誉，另一方面，我们在全国人气真人秀节目《星光大道》中，也获得了月冠军的殊荣。各种比赛和演出的经历，让我在学生时代就接触到了文娱、传媒工作的方方面面，也激发了我的兴趣。

在上海兆舜文化传播有限公司工作时，公司也给了我很多机会和广阔的平台，对我个人能力的增长，也有着至关重要的作用。

一路走来，如果没有学校的支持和鼓励，没有第一份工作中充实的工作经验，我在创业的道路上是不可能这样勇往直前的。而这一切，都发生在静安这个大环境中。

回馈母校、回馈静安是我个人的一个执念。于是，创业在静安，扎根在静安，也就成为实际行动。

很多人以为做老板、开公司是一件非常风光体面的事情。其实，创业道路中的艰辛和寂寞，有时候只有自己才能体会。

我们开创云上传媒之时，为了能够及时和客户签订意向合作书，区里和街道的老师没有少打电话、少走部门。

不仅如此，创业在静安，给了我太多支持和温暖！无论是办公场地的选择、财务老师的聘请、创业前后贷款的咨询等，无论有什么困难和疑惑，只要我提出需求，各部门相关的老师们都会耐心指导，并给出中肯的建议。与此同时，也在这个过程中，为我们讲解政策，让我们及时把握创业动态。

所以，在了解到许多信息后，在创办初期，我果断地选择了创业前贷款。云上主要经营对象是公司业务，结款有一定的账期，现金流成为保障企业运作重要的环节。社保补贴和房租补贴缓解了我们在固定成本上的压力。而创业前贷款，则让我们的现金流获得了一定的保障。对于初创企业来说，每一笔资金都是非常重要的。

最令我印象深刻的，是一次园区的交流学习活动。参加活动的青年创业者大多年纪相仿，没有什么经验。在活动中，我们结识了自己身边同样在创业的朋友。不仅在业务上沟通交流，也成为工作中互相学习的朋友。这种平台式的沟通，对于初创型企业来说是非常有意义的。

就是这样，云上在静安政策的扶持下，在各个领导的关心下，在老师们的帮助下，茁壮成长。

2016 年，我们营业额达到了 250 万，累积创造 6 个就业岗位，依法纳税，并在同年年底就实现了盈利。

这一年，云上与 SMG 东方卫视、第一财经、百视通等达成合作意向。为包括丰田、驴妈妈、携程、韩国艺匠、枫泾风景区等在内的数十家政府及企业制作宣传短片。其中，《韩国艺匠七夕病毒视频》上线 3 天获得了 100 万点击量，累计播放 5 000 万次；与 SMG 合作的《2016 交通公益片》不仅在东方卫视等 12 个电视频道播出，累计播放 1 200 次，所制作的短片还获得了 SMG 公益广告二等奖。由我太太主持的项目，云上传媒推出的"优质原创文化 IP"入围了上海市女性创业大赛最有创意项目。

通过一年的不懈努力，2017 年云上传媒获得静安区优秀创新创业企业奖。

2017 年，在原有的业务基础上，我们推出了全新的业务板块。首先，我们与市西中学和上海慈善基金会合作，承办了上海市第二届高中生公益微电影大赛。长三角优秀的高中生集聚上海，打造出近 100 部优秀的公益微电影作品。其次，云上推出儿童科普短片《宝妈说》，立志于为中国家长和孩子提供优质科普短视频。

我曾参加过 2012 年 Love Radio 全国 DJ 选拔赛，获得了季军。站在领奖台上，我说，我喜欢舞台，喜欢迎接一切的挑战。这可以说是我的座右铭。如今创业，我更是如此。

我感谢家人的理解和支持，感恩同仁的付出和努力，感激师长及友人的鼓励与教诲，感动自己付出的点滴青春。创业的路，不是一两句能说清楚的，我相信付出终有回报。

云上是一个年轻的企业，我希望在我们不断的努力下，云上能再接再厉，取得辉煌。在静安的舞台，在上海的舞台，乃至在世界舞台崭露头角。

专业服务业

用我的专业换您的满意

力德：心系员工，创业如诗

朱德权

上海力德人才服务有限公司

作者：朱德权、赵娴

创业人物：朱德权（Chary Zhu），力德国际 Talent Spot、i 人事创始人兼 CEO。朱德权是国内首批从事人力资源外包服务的资深专家，深耕人力资源行业二十多年，对行业有深刻理解。创立力德国际 Talent Spot 之前，朱德权曾在世界知名人力资源服务公司 Kelly Service 担任高管。他于 2009 年创办人力资源服务机构——力德国际 Talent Spot，主打外包与招聘业务，近年又推出 HR SaaS 管理软件——i 人事，目前，力德国际 Talent Spot 为屈指可数的融合线下传统 HR 服务与线上 HR 管理云软件、业务遍布亚太区的一站式人力资源服务商。朱德权拥有北京航天航空学院自动化控制本科学位以及西北工业大学计算机科学硕士学位。

2017 年，力德国际已进入发展的第八个年头。八年，对于一个人来说，是一段丰富的时间旅程，可以因历经世事而悲喜交加，又可以因饱览世情而有所成长。对于一家企业来说，八年不算长，也不算短，然而，在如今快速运转、利好迭出的外部环境中，企业的生命进程也似乎突破了固有规律，至于发展的轨迹，与人的成长相似，既镌刻着大环境的风云变幻，更有自身探索尝试的结果。力德的八年，也是这样一段"有故事"的旅程。

初创：小规模，大愿景，高标准

2009 年，一家本土人力资源公司成立，力德国际的前身——上海力德人才服务有限公司在区人社局关心与帮助下，在苏州河畔的土地上开启了人力资源服务事业。

企业甫一建立，便立下了宏伟之志：成为全球人力资源行业中的翘楚。当时力德只有 5 名员工，只在普通的商务楼中拥有一间很小的办公室。许多人听到这里便很惊讶：为何一家小企业会有这样的自信？然而，当你了解了力德的创立过程之后，你一定会开始关注这家企业，并期待见证它实现愿景的过程。

原来，力德的 CEO 朱德权是中国最早一批投身于人力资源服务行业的专业人士，之前是知名外资 HR（人力资源）服务公司的高管。创立力德之前，朱德权在外资企业的工作成绩斐然，他在长期工作过程中逐渐积累一些对行业的思考。

为什么在这个行业里发展得风生水起的大多是外企？论对中国市场的把握，本土企业难道不如外企吗？尤其是后面一个问题，让朱德权思索良久，也心生了些许不服气。

有了想法，便有行动。不久，朱德权就从外企辞职，他要自己创立一家最懂中国企业的 HR 服务公司。"当时我就相信，随着中国本土企业的崛起，未来中国乃至全球人力资源市场的格局也会经历翻天覆地的变化，我想亲历这一切，也愿意为广大中国企业发展带来帮助、与它们共同成长。"

力德就这样诞生了。

从创立企业的过程来看，朱德权拥有很强的执行力。"有了想法就去做，要做就不忘初心，说到做到。"

因此，彼时的力德虽然只是初创企业，却在服务上始终保持高标准。"我从来不打价格战，只专注于服务的持续优化，我相信好的服务自有配得上的价格，对于一家企业，服务决定了企业的品牌形象，也决定了员工对自身的定位，所以，无论何时，我都坚守服务的高标准：人性化、精细化，当然最重要的，就是诚信。"

服务是由人来完成、交付的，力德的人才招募与培养也遵循着高标准。在力德发展的最初几年，任何一个岗位的人员招募，朱德权都会亲自参与，严格把关人才状况。"专业知识和技能当然是重要的，但是，最关键的因素是价值观，价值观不匹配，再优秀的人才也无法交付出符合标准的服务。"

"诚信的服务交由诚信的人完成。"这是力德从初创至今秉持的选人准则。当人才进入力德之后，每个人都会拥有专属的职业发展规划，很多项目顾问往往半年内就能参与 1—2 个重要项目、获取内外部专业培训，取得成绩，获得晋升。

注重人才培养是一件好事，但是对于初创企业来说，实际上也是不小的压力，力德是如何权衡的呢？

"力德的服务要对客户负责，这一点最终是要员工去实现的。那么员工如何才能坚定不移地贯彻这一点。那么从源头上来说，力德就要做到对员工负责，体现在让员工有收获、有发展，能在企业学到东西，通过工作获得良好的生活、获得外界尊重。想到这一点，人才培养就是一种无悔的投资，力德有许多员工很年轻，有时候仅仅只是看到他们工作上有进步，我也很欣慰。"

人才培养的成本是企业可持续发展的基石，如今来看，力德对"人才"

的投资非但没有"血本无归",反而硕果累累。

当下:全面的人力资源解决方案专家

2014—2015 年,力德形成了两大块清晰的业务线:招聘与外包,各下设三大业务模块,满足客户日益增长的人力资源服务需求;

2015—2016 年,力德已在中国 30 多个城市开设分支机构,2016—2017 年,力德分别在香港、台湾地区设立分公司,业务遍布全国,逐步渗透进整个亚太区;

2016—2017 年,力德在新加坡等地设立分公司,正式进军海外市场;

2017 年,力德人才正式更名为力德国际,业务足迹探及欧洲,并成立马来西亚分公司,并于同年推出线上 HR SaaS 管理软件——i 人事,聚合线下传统服务优势与移动互联网技术,成为全面的人力资源解决方案专家。

回想起初创时期的宏伟之志,朱德权和伙伴们无愧于初心。"成为全球人力资源行业中的翘楚",如今的力德已经沿着起点指出的方向,迈出了不可估算的一大步。但在朱德权看来,这是一条只有起点,没有终点的道路,"我们永远可以做得更多、更好。"

虽然朱德权对前路信心满满,但是身后平铺着的却不是波澜不惊的顺途。"从决定从外企辞职,开始创业,我就知道一定会有风险,每个创业者都是如此。"

2009 年中国代加工市场异常火爆,富士康就是其中的典型代表,这类企业人工需求量很大。最为繁盛时期,"缺口"密布。朱德权正是在此看到了商机:既然代加工企业人工需求那么大,我们的业务为什么不能和他们对接一下呢?

朱德权便把想法和内部团队进行商量,当即有人提出忧虑:"力德主要还是做办公室岗位的人才招聘和外包,从未涉及过工厂员工的招募,现在切入,相当于开辟一块新的业务,内部团队人手的配备、资源的投入、后期成果皆不好评估,恐有风险。""有风险不正是创业的特点吗?风险才是滋养机遇的摇篮。"几番争论,代加工行业工厂员工批量招聘业务诞生了。

然而,事情并不顺利。由于代加工行业的发展特点,当时许多企业对人员的渴求不仅在量,对人员素质、技能、经验也有不小的要求,现有人才市场与企业需求之间有很大的鸿沟。原本想要大刀阔斧的朱德权,此时只能轻车缓行。"此时我觉得团队成员的担忧是正确的,隔行如隔山,哪怕是在同样的领域,业务和业务之间细微的差别也能让人裹足不前。"

虽然承认自己可能有些想当然了,但是跨出了这一步,却没有任何结果，朱德权无论如何都不甘心。"代加工行业的人才市场现状我们已经看到了，但不是还没有想过办法吗？我们能不能改变这个现状呢？"顺着这个思路，朱德权突然想到了一个渠道。当时全国有许多职业技能学校，许多面临毕业的学生都在等待实习机会。"这些学生未来都会成为专业的技术人员，那么，他们为什么不去代加工工厂见习呢，这不是一个很好的锻炼机会吗？"

朱德权和团队立刻进行了院校的走访和联系。许多老师和学生都表示，这的确为他们打开了一条实习就业的思路，之前，由于种种原因，他们从未能接触到代加工工厂的渠道。如今渠道已设，之后的招募，工厂对接，就按部就班地进行了。一个月内，朱德权就为一家代加工企业对接了所需的全部人员。"茅塞顿开之后就豁然开朗，前景一片光明。"朱德权当时的感觉就是如此。连原本不看好这块业务的团队成员也改变了想法，认为朱德权的魄力、勇气和能力使这块业务死灰复燃，说不定会成为力德最有潜力的业务模块。

"但是，有时候成功不是成果，只是短暂的表象。过程太顺利，有可能背后有很大的遗漏需要去弥补。"一个月后，朱德权便发现，招募来的实习生并不是每一个都对工厂环境有合理的认知和期待，有些学生做了两三天便萌生退意，借口离开；极个别学生会消极怠工，造成一些微小的损失；由于实习生仍是在校学生，朱德权和团队从一开始便时刻关注后续的工作开展情况，以确保学生的人身安全和健康，几个月内，便陆陆续续有学生请病假、提出回家探亲，团队都第一时间给予关心和必要的经费支持，至于空缺出的人手，再寻求新的渠道进行填补。半年后，团队人手仍全心投入，该块业务非但没有赚钱，反而亏损严重。

"我承认，在这件事情上，我们的决策的确是有失误之处，因此交了学费。"朱德权现在仍然会不时提到这段创业初期的往事，他认为这并没有什么特殊之处，所有的创业都是这样：总会经历顺途、弯路，有时候走走下坡，一回神，又开始向上攀登。"并且，你并不知道，下一段是怎样的道路。但在每段路，你都会看到不一样的景致，这就是创业的魅力，很真实、很残酷，俯瞰这一途，波澜壮阔、充满诗意，走在其中，趣味盎然，让人充满期待。"

学费不会白交。朱德权认为从失败中提炼总结规律最为重要。"做任何业务决策都必须慎之又慎，创业虽然必须承担风险，但必须在完善的思考、全面的调研、认真的探讨之后，再给风险预留出一点位子，创业要热血与理智并存。"虽然很矛盾，但是创业犹如开荒，每一个开荒者都必须把自我做一定的分裂，才能给身后的人做指示灯，逆境时要心怀诗和远方，顺境时也不要忽略脚下微小的沙砾，这样才能让整个队伍无论上坡还是下坡，都能悠然自得，清醒又坚定，不至于得意忘形到迷失方向，也不会焦虑忧心到茫然四顾、忘却目标。其中，人才是力德得以发展的最重要因素，也是力德最大的收获之一。

在业务步入稳步发展阶段，朱德权仍会不时想起创立力德时的思考："为何在人力资源服务领域，普遍都是外企能获得成功？即使现在，本土企业仍然与外资企业拥有一定差距？"朱德权认为，本土企业的资本投入并非不够，两类企业员工的能力也相差无几，"关键在于服务的意识。中国人力资源产业起步较晚，当我们开始从事相关研究时，外国早已经对此有相当成熟的体系了，进入中国的外企可谓站在巨人的肩膀上，在服务意识、服务理念上比我们领先一大截。"

要超越就要先学习。对外积极与同行交流，"不要闭门造车，看看别人到底是怎么做的"；对内则积极搭建多元化人才库，"这是优化服务意识的第一步"。除了培养内部员工，更要吸引更多外资企业人才、外籍优秀人才进入企业来"以内养外"，在价值观匹配、能力达标的基础上不设限，广纳全球人才，以保持企业内部管理及外部服务的生命力。"企业人才库越丰富，就越能给我们的服务时时注入全新的能量。在这个方面，我时常都保持谦卑之心，企业要信任员工，甚至向员工学习。一名员工进入企业，等于将自己过往的职业经历带进了企业，他（她）以前服务过的公司，经历过的项目，学习过的知识，都会对今后的工作产生影响，对公司提升服务产生价值。力德是一家多元化公司，因此，我欢迎各种背景、各种文化的人才加入力德，将自己的特点、所学所长在力德的舞台上尽情发挥出来。"

目前，力德国际已在新加坡、马来西亚成立分公司，在中国内地的分支机构中，有10多名外籍员工。"我相信人数还会持续增长。力德国际如今已是全面的人力资源解决方案专家，我们在HR管理垂直领域里全方位满足企业需求。达成这一切，离不开所有员工的努力，就像拼图一样，他们一点一滴的工作，是力德前景中不可缺少的一抹亮色。"

未来：放眼全球、倾情回馈、砥砺前行

2017年5月，"一带一路"峰会隆重召开，既展示了战略推进过程中的迷人成果，又引人畅想未来蓝图之广阔。2017年，力德人才正式更名为力德国际，预示着企业国际化进程的步伐将再次加快，聚旗下多条业务线之合力，为"一带一路"战略的顺利实施搭建人才通路。"这几年，我已经见证并亲历了中国企业的腾飞之势,幸运的是,力德也借势成长,成为沐浴阳光政策、实现梦想的企业一员。这几年,力德收获了很多,与所有伙伴砥砺前行,得到了社会各界支持,我们理应从自身的角度进行回馈。"

2017年,既是力德国际的海外布局之年,更是回馈之年。

创新业务,助力中小企业成长

力德国际结合自身扎根行业20多年的丰富经验,借力移动互联技术的迅捷与便利,研发线上 HR SaaS 管理软件——i 人事,并与静安区人社局、就业促进中心联合,开展"管理软件进园区"活动,为助力中小企业规范化管理、业务健康成长贡献绵薄之力。

公益培训,助燃行业学习氛围

"劳动法规讲堂""外籍员工来沪工作居住证办理""劳动合同的新签、续签与变更""零售行业 HR 高管峰会""医疗行业 HR 高管峰会"……2017年,力德国际"化身"活动专家,组织多场线上线下公益活动,促进 HR 从业者之间的交流与学习。

市场活动进欧洲,展示中国人力资源服务之独特面貌

2017年,力德国际远赴英国及澳洲,赞助全球高端人力资源论坛,与海外企业管理者分享中国最新劳动法规、商务贸易政策、海外企业中国投资成功案例,鼓励海外企业积极进入中国,展示中国人力资源服务的专业性、多元化面貌,获得当地媒体报道及参会者的一致好评。

回馈员工,快乐工作,机遇无限

公司业务的快速发展来源于员工们日积月累的努力,那么员工应该与公司共享成功。年度国外旅游、节假日福利、季度团建、免费零食、员工俱乐部……除了丰富的福利之外,在职业发展上,力德国际鼓励员工挑战自我、追寻梦想,推出"全民销售奖金计划""异地办公""内部轮岗"等制度,让员工们体验多种职业角色,不用跳槽也能转型。

"只有企业健康发展,才能积累良好口碑,才有余力去更好地履行社会责任,并给予员工良好的职业发展前途。而企业的健康发展,又是企业与员工踏踏实实,一步一个脚印走出来的。回首过去,我们感慨更感恩;展望未来,我们有信心、更有憧憬。力德的过去与现在,是企业与员工共同谱写的美妙诗歌,力德的未来,也一定会与员工并肩同行,共绘梦想,这是力德不变的承诺!"

聚集阳光能量的创业者

黄建明

上海岩芯电子科技有限公司

作者：黄建明

　　李林霞、周婵、田栋（上海大学研究生创业俱乐部）

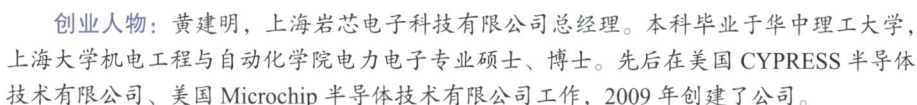

> **创业人物**：黄建明，上海岩芯电子科技有限公司总经理。本科毕业于华中理工大学，上海大学机电工程与自动化学院电力电子专业硕士、博士。先后在美国CYPRESS半导体技术有限公司、美国Microchip半导体技术有限公司工作，2009年创建了公司。

　　季夏伊始的一个周末上午，黄建明坐在宽敞的会客室里接受我们的采访，谈起了自己这些年的创业经历。

我就是要圆自己一个创业梦

　　"黄，不要走，留下来吧！"外企老总再三挽留意图辞职创业的黄建明。彼时，他已经38岁，是一家著名跨国半导体公司的亚太地区技术总监，负责产品的推广和运用，而且待遇优厚，享受高薪并持有公司期权。他爱这个公司，更舍不得朝夕相处的同事，然而，创业的梦想始终像一团跳跃的火苗灼烫着他的心，令他魂牵梦萦，随着时间的流逝而愈演愈烈。

　　"我不能再等了，否则一过40岁，失去创业的黄金期，就要平平淡淡地过一辈子了！"黄建明觉得，人这一生只有轰轰烈烈地大干一场，才不会虚度大好年华。他凭着敏锐的科技直觉嗅到了光伏发电的广阔市场和大好前途，"机遇来了，稍纵即逝，我一定要抓住它，圆自己一个渴望已久的创业梦！"就这样，黄建明告别了舒适的工作岗位，满怀信心与激情，毅然踏上了创业之路。

　　2009年初春，黄建明和一群志同道合的伙伴在母校上海大学科技园创建了上海岩芯电子科技有限公司，专门从事研发生产光伏发电系统中的核心部件逆变器产品。

　　之所以把公司选择在上海大学科技园，黄建明也有他的考虑：第一，岩芯是进行专项技术研发的高科技公司，需要专业技术人才，而上海大学能够源源不断提供大量优秀的高科技人才,这无疑能够满足公司的研发需求;第二,黄建明在上海大学学习多年,熟悉专业情况,易与导师和同学交流,在技术研发方面能够及时得到有力的支持,可以经常组织教授、博士、硕士进行技术攻关,使公司研发生产的分布式光伏微型逆变器达到国际先进水平;第三,母校热情地支持他创业,不仅在办公场地租赁价格上给予优惠,而且后勤物业服务十分周到,处处为公司提供方便,排忧解难,为公司争取政府的优惠政策,并将公司树立为创业典型,加大对外宣传力度,提高公司的社会影响力,起到了企业孵化器的作用。

正是具备了这些天时地利人和的独特有利条件,岩芯不断发展壮大,科技水平不断提高,并于2014年被上海市政府授予高新技术企业的称号,享受国家财政优惠税收政策,这大大激发了黄建明团队的创业热情,也为岩芯日后的发展奠定了坚实的基础。

胸中理想一团火,创业艰难等闲过

"你问创业难吗?当然难。我们将公司取名为'岩芯',就是希望大家能团结一致,并肩作战,无论在创业的道路上遇到什么困难,也绝不改创业初心,像岩石核芯一样坚固,百折不挠,勇往直前。"创业途中会有各种各样的困难需要解决,既有资金、人才、技术等方面上的,也有大的环境形势方面上的。

凭借在科技领域的国际视野,经过反复思考和仔细研判,早在2008年,黄建明就预见一旦国家对光伏行业实施财政扶持政策,光伏应用产业必将蓬勃兴起。他看到其中蕴含的巨大商机,于是结合自己的电子专业优势,投入到光伏微型逆变器的研发生产之中。但在财政扶持政策出台前,许多光伏公司都面临着市场环境的严酷考验。

2009年,黄建明带领自己的团队着手研发分布式并网微型逆变器,由于公司刚刚起步,产品经验不足,反反复复总出问题,最痛苦的莫过于在资金紧张的情况下投入大量研发经费。"记忆最深的是修改PCB板,为符合EMI要求,总共修改了10多次,每次周期1个多月,时间长达一年,而且耗资巨大,单单PCB板每次的制作费就4 000多元人民币;EMI实验室每小时租金是1 000多元,每次进去都要待一天,再加上材料费和科研人员的工资……感觉花钱如流水,我都要崩溃了。"他们清醒地认识到,高科技研发是公司的立命之本,无论如何也不能停。为此,黄建明一面带着团队到处做项目,一面将赚的钱投入到逆变器研发项目上,就这样坚定不移地往前走。

2013年是岩芯最为困难的一年,由于4年来大量持续地投入研发费用,公司的现金已消耗殆尽,剩的钱只够给员工发一两个月的工资。而更为雪上加霜的是,团队中的一位核心工程师和三位工程师在半年内先后抽身离职,真是屋漏偏逢连夜雨。黄建明向我们解释道:"虽说企业人来人往很正常,但痛苦的是小公司没有人员备份,往往是一个萝卜一个坑,一个人甚至干着两个人的活,而且他们在最困难的时候离职,严重动摇了'军心',一旦引起连锁反应,很容易出乱子的。"当我们追问黄建明如何熬过了2013年那段最艰难的岁月时,他哂然一笑:"开始,妻子支持我,把她自己的工资积蓄拿出来用,到最后,我悄悄把住房抵押了180万贷款给公司发工资,并鼓励大家说,公司发展很好,有钱!天天给他们描绘公司未来的前景,讲理想,强调科技研发的重要性,把大家拧成一股绳,再后来国务院出台了支持新能源发展的财政扶持政策,我们的春天也就来了……"

即便最困难的时候,黄建明都没有轻言放弃,他说"如果是为了挣钱去创业,那第一年亏损可以,第二年也能坚持,到了第三年多数情况就是散伙。但我们创业是为了理想,那就不会轻易放弃,不给自己留退路,当你给自己退路的时候,你会做不好事情!"创业之路注定不平坦,正是靠着如熊熊烈火般炽热的创业理想,靠着破釜沉舟的创业初心,他们也能一路披荆斩棘,勇往直前。

营业收入从8万到1个多亿的商业模式

黄建明从三个层面向我们解释岩芯的商业模式:第一,"核心技术"是岩芯的立足之本。作为上海的高新技术企业,岩芯拥有高学历科研人员20余位,拥有专利技术11项,要在激烈的市场竞争中立于不败之地,就必须以研发生产核心技术产品为支撑,否则,必然受制于人,终究会被淘汰。第二,他们根据自身小企业的特点,专注光伏细分市场,只做屋顶分布式光伏发电系统,把它做精做细,逐渐树立起公司的影响力。第三,当前光伏产业的巨大市场和良好的发展前景,需要合理用好金融工具,解决融资瓶颈问题,为公司的做大做强注入强劲的动力。

黄建明还告诉我们,公司的商业模式也是根据市场的变化而变化的,历经了"产品—系统—服务—金融工具"四个阶段。

公司创业初期定位是逆变器生产厂商,生产和销售逆变器产品是其主营业务。由于商业存在着天然趋利性,随着国家财政扶持政策的出台,大量资金涌进光伏产业,市场竞争日益激烈。这让黄建明意识到,光伏逆变器诚然有着广大的市场前景，但目前中国光伏市场趋于饱和，小企业单纯做产品的利润空间受到严重挤压，不改变现状将难以生存。2014年，黄建明参加了上海大学生创业基金会组织的"创业成长营"培训，其中夏旸老师的"商业模式"一课给了他很大启发。之后，黄建明根据行业及自己企业特点，果断调整商业模式，以产品作为技术支撑，扩大公司经营范围，打通光伏产品生产、电站建设、技术服务等各个环节，从产业链上游走到下游应用市场，变为光伏发电系统综合解决方案厂商公司，为终端客户提供光伏电站的建设和运维服务，主营业务范围的扩大无疑丰富了收入来源，公司利润显著增加。

光伏电站设备价格昂贵，属于重资产行业，一次性投资太大，短期难收回成本，因此客户购买光伏电站设备的决策门槛较高。"即便有国家补贴，长远来看有利可图，但大部分拥有房顶资源的客户仍不愿花钱投资。但对于低融资成本的大规模资金，光伏发电又具有长期稳定收益的特点，是个很好的金融产品"。对此，黄建明动通过寻找有投资意愿的基金作为合作方，由基金方来投资光伏电站，公司建设和维护运营、客户出租自有屋顶资源，这样公司、基金、客户三方均受益，都有参与的积极性。

解决光伏电站融资后，还需要解决的是屋顶项目来源。目前岩芯的做法是通过行业和区域寻找不同屋顶资源，然后在项目地成立项目公司，通过项目公司进行电站建设和运营。在这一阶段，岩芯变成了分布式能源综合服务商。公司以产品生产及光伏工程建设为基础，发展到以光伏电站开发、光伏电站投资为支撑的新能源行业综合服务商。

另外，对于一些优质的光伏电站资源，公司利用自有资金及其他融资模式进行长期投资，增加自有优质资产，努力构建合理的资产结构，实现更高、更长期的收益。总之，公司已经开始形成从产品到光伏电站应用、光伏电站运维、光伏电站投资完整产业量的良性商业模式。

随着企业的发展和市场形势的需要，岩芯公司的商业模式仍然在不断地完善。黄建明强调，市场上同质化的产品很多，要保持企业的核心竞争力，必须在深度上持续优化改进产品，在广度上完善多方位服务的商业框架，如切实落实后期运维、内部管理、标准化作业等工作。只有通过完善每一个环节的设置，逐步积累优势提升整体竞争力，企业才能经受住市场竞争的考验。

随着"互联网+"成为新业态，未来岩芯公司还会开辟能源互联网的蓝海，如借助"云数据"开展运营工作。当然黄建明意识到新能源行业规模大、硬件召回返修成本高，不同于互联网行业的轻资产属性，因此公司发展不可冒进，需不骄不躁地走好每一步。

凭借多年来在光伏市场中的摸爬滚打,黄建明不断总结经验,创建出一套行之有效的商业模式,使公司的营业收入大幅增长。黄建明给我们简单地说了几个数字:岩芯公司在创业初的2009年的营业收入仅为8万元,2014年的销售收入是640.6万元,这个数字到了2015年便翻了3倍,变成2 000万,到了2016年已经达到了1个多亿,增长势头喜人。未来,岩芯将以分布式光伏发电项目为基础,积极开拓电力电子产品及新能源行业,预计五年后跻身中等规模的高科技企业行列。作为一家高科技企业,岩芯以市场需求和企业发展为导向,顺势而为,不断优化商业模式,积极开拓市场,为自己的发展打开了中国屋顶上的一片蓝天。

心系社会,用创业诠释"另类"产学研

黄建明的创业实践无疑是成功的,而这与他在上大多年的学习和研究经验是分不开的。黄建明在上大就读时主攻属于新能源核心技术的中间基础环节部分——电力电子。当初之所以选择新能源作为自己的创业方向,除了是因为看好新能源的发展前景之外,更是因为他希望能把实验室在电力电子和新能源领域的多年研发成果变成符合市场需求的产品,来造福百姓,造福社会。他曾说:"有些事情,能挣钱,但是你也不能去做!有些事情,不能挣钱,你也要去做!"新能源不仅与黄建明的创业理想相契合,更与国计民生紧密相连,为老百姓的幸福生活尽自己的绵薄之力一直是他的一个创业目标。因此,黄建明积极与地方政府合作开展了光伏扶贫项目,他说:"我常常闭上眼睛想,哪一天中国农村家家户户的屋顶上都装上光伏,让他们都用上绿色的光伏电!"天下兴亡,匹夫有责,这是一个饮水思源、心系社会的新能源创业者的赤子情怀。

黄建明和他的创业团队,是学生创新创业的杰出代表,"现在社会的发展主要依靠创新,能从国外复制的东西越来越少,更多的是需要自己原创的东西。"当我们问及他对产学研的看法时,他表示产学研的思路是绝对没问题的,关键在于如何将这三个要素串起来。产学研相结合,是科研、教育、生产不同社会分工在功能与资源优势上的协同与集成化,是技术创新上、中、下游的对接与耦合。以往我们对产学研的认知更多的是学校与企业合作将科研成果产品化市场化,而黄建明认为自己的创业也是一种产学研的结合,他说:"实验室的东西跟市场结合了之后就能慢慢转化成生产力,我们这条路子,是自己在学校实验室中摸索出一些东西后,变成一个企业出去了,我们先后充当了学研产中的不同角色。"至于如何将学校里科研成果转变成生产力，黄建明也有自己的看法："无论你去面临市场竞争也好，市场需求变化也好，技术都是一个很基础的东西"，然后"你需要逐步去调整，将产品调整成市场真正需要的东西，很可能你刚开始想做 A，过程中做到 B 去了，到最后变成了 C"，这是多数创业成功企业的共同经历。黄建明认为学校里面的科研成果是相对比较前沿的东西，它们与市场确实相去甚远，而我们学生往往只是看到了技术，没有考虑后续的市场化的很多事情，后面的事情远远比我们想象的要复杂得多。

作为一个创业的先行者，黄建明也很支持大学生的创业尝试，在他看来，现在的创业环境已经远远好于二十年前他第一次创业的时候。哪怕在大学里有个别创业经历，或者小范围经营过一些事情，对自身的心理成熟、承受能力都有帮助。不过他也强调，并不是每个人都适合创业，也不是所有创业的人都能成功。如今，社会对创业者的原创和创新要求越来越高，有意向创业的青年学子应当充分地认识自己是否适合创业，是否能够承担得起带领团队的责任，是否能够经得起创业过程中的挫折和煎熬，以及到底是适合做一个领导者还是支持者等。无论怎样，"想想自己未来做什么，坚持很重要，放弃是最简单的选择，但不放弃就有机会。"这是黄建明作为一个创业前辈对广大青年学子的肺腑之言，他用实际行动为我们做出了表率，将激励着更多怀揣创业梦想的年轻人为实现自己的美好理想而奋勇向前。

让基因与您对话

刘天津
上海吉涛生物科技有限公司
作者：刘天津

> **创业人物**：刘天津，上海吉涛生物科技有限公司CEO，博士，九三学社成员，荣获昆山市创新创业领军人物、上海市静安区科技领军人物，公司在2017年获得中国创业大赛优秀企业。

2014年，我从学习生活12年的中科院上海生命科学研究院走出，加入了"大众创业、万众创新"的大军中，经过仔细考察，我将创业的起点选择在市北高新聚能湾孵化器，开始了全新的自我挑战。从科研圈子走出很容易，但从科研思维转变成产业转化思维并非易事，一开始走过很多弯路，也质疑过自己是否能坚持下去，经过艰难的思想斗争，也是在孵化器的大力帮助下，逐渐转变思维、了解市场、学习管理，把产品开发与市场推广紧密结合，通过科普宣传和网络推广提高品牌知名度，在最短的时间内使企业走上正轨，开始有了稳定的合作方和渠道客户。

明确定位

公司建立初期就明确了定位，在基因技术的快速发展和临床应用迫切需求的推动下，个体化医疗检测行业已成为一个极具经济和社会效益的新兴产业。所以，吉涛健康就定位于属于医疗服务行业中的个体化医疗检测行业。随着经济的发展和社会的进步，"预测性、预防性、个体化、参与性"（Preventive、Predictive、Personalized、Participatory）的"4P"医学将替代传统以治为主的诊疗方式；影像医学、基因检测、液体活检、病理学、生物信息等技术的发展为个体化医疗提供可能。基因检测是通过体液、血液或细胞对DNA进行检测的技术，是取被检测者脱落的口腔黏膜细胞或其他组织细胞，扩增其基因信息后，通过特定设备对被检测者细胞中的DNA分子信息作检测，预知身体患疾病的风险，分析它所含有的各种基因情况，从而使人们能了解自己的基因信息。与基因测序的相比，基因检测不需要检测出DNA上所有碱基对的排列，只需要对特定的"点位"进行检测，既提高了效率，又节省了成本。拿检测结果与致病排列相对比，对其表达的信息进行解读。

掌握技术

明确定位以后，公司把所有精力集中到一点，致力于将肿瘤诊断治疗提高到预防医学水平，开发以游离 DNA 检测为核心的精准预防、精准诊断和精准治疗新方案，研发、生产、销售常见重大肿瘤早期诊断试剂盒。目前，自主研发的大肠癌 Septin9 基因甲基化检测试剂盒"肠怡净"已进入推广阶段，可用于大肠癌早期诊断和筛查，肠怡净检测仅需采取 10 mL 外周血液，通过游离 DNA 甲基化检测，较肠镜检查可以提前 8—9 个月发现大肠癌，具有灵敏度高、特异性强、安全无创等优点。目前在研产品包括肺癌早期诊断试剂盒，胃癌早期诊断试剂盒，均已进入临床研究阶段。

快速扩张

有了自己的技术核心，有了园区做后盾，吉涛健康快速建立起以各大保险公司为主的全国健康服务网络，拥有近 20 万高端保险客户，且正快速发展。已完成 6 万例防癌检测及基因检测，目前平均每月完成 1 万例左右防癌检测及基因检测。合作客户包括中国人寿、中国平安、太平洋人寿、太平人寿、新华人寿、泰康人寿、建信人寿、东吴人寿、三星人寿、恒安标准保险等。业务区域包括辽宁、黑龙江、吉林、内蒙古、北京、山东、山西、甘肃、江苏、四川、河南、湖北、重庆、海南、宁夏回族自治区等。

长远规划

在园区的指导下，公司也制定了今后的创业计划书。建立了防癌检测四步走方案，并申请了肿瘤易感微环境检测项目专利；目前有 2 个控股公司（山东吉涛、海南吉涛），多家参股公司（四川吉涛、江苏吉涛），筹建分公司（安徽吉涛、北京吉涛），并在全国范围内建立了大量紧密合作机构。在海南建立高端健康管理机构及赴美医疗项目组，以满足高端客户旅游医疗等需要。

经历风雨

但是，创业公司的发展从来不是一帆风顺的，特别是初期，团队的凝聚力和信心至关重要，在 2016 年，我们经历过一次核心团队的变故，核心成员出走给公司带来致命打击,技术平台无法正常运行,客户也被带走,作为创始人,这时承受着巨大的压力,好在在园区的帮助下,我们经受住了考验,还在极其艰难的情况下,完成了公司发展最重要的一步,获得了投资公司的融资,吉涛进入新的发展阶段,800万的pre-A轮融资,使我们建立了新的研发中心,组建了新的团队。

我们依然坚守着初衷,新人的加入,团队的默契,都将是前进道路上的巨大推动力。我们将会继续坚持产业转化路线,在基因检测市场中精耕细作。研发方面继续扩展产品线格局,并深化加强已有项目保持稳定高速发展;销售方面继续扩展以保险产业为主力,各行业并行开发的道路,以防癌检测的科研技术造福广大群众。把诊断治疗提高到预防医学水平是我们的愿景;精准预防、精准预测、精准治疗是我们的使命;让基因与您对话是我们的责任,让健康与您相伴是我们的使命,让快乐与您相随是我们永恒的追求,我们是新兴产业的弄潮儿。

一本正经的传统创业

盛 樱

上海睿洁环保科技有限公司

作者：盛樱

创业人物：盛樱，上海睿洁环保科技有限公司董事长，荣获静安区第一届创业"十佳"新秀。2003年初创期至今，员工数也从几个人发展到1 500多名员工，年产值从几万元增长至年产值8 000万，行业协会一级资质单位。

上海睿洁环保科技有限公司于2010年初注册成立，经过不断地开拓和发展，已经成为一家综合性的"一级保洁公司"，为酒店、商务楼、购物中心、美容院、高级住宅小区、工矿企业等场所，以及家庭内部、楼宇中央空调提供专业清洗、保养服务。公司自成立以来，积极吸收国外先进的技术，并采用国外先进的机器设备，高科技环保清洁剂，经营模式从单一的家庭保洁服务公司发展成为服务于央企、国企、外企、民企以及政府采购项目的多元化企业，由于我们服务业态比较丰富，与同行业、同类型企业相比有极大的竞争力。

回想初创期，感慨颇多。2003年，正好赶上创办"4050"服务社的扶持政策，我和我先生都有酒店从业经验，我先生又在外企销售清洁用品及清洁设备，所以我们就成立了"静安江宁嘉吉居室保洁服务社"，我是幸运的，服务社成立伊始就得到静安区人社局和江宁街道园区的大力帮助，他们不但帮助服务社解决了办公用房问题，还定期对我们进行开业初期的指导工作，并发放了创业基金，同时还帮助我们申请了房租补贴、人员补贴及贴息贷款，对处于初创期我们来说还真是帮助不少，区人社局尽可能地扶一把、送一程，让我们有底气和机会到市场上去锻炼、成长。

创业初期，我们只有几个人，没日没夜出去跑客户，做方案，和工人一起干活。马路上看到有新大楼造起来，硬着头皮往里面冲，希望能承接固定的保洁项目。为了使公司生存下去，服务社一开始主要承接的是家庭保洁项目，通过家庭保洁我们锻炼了队伍，积累了一些宝贵的专业技能，为以后开拓商业保洁市场奠定了基础。通过我们不懈的努力，我们终于拿下了协和广场的地下超市日常保洁项目，通过这个项目的衍生，企业先后接到了市百一店、百联世贸、东方商厦、中凯城市之光等国内知名企业的日常保洁项目。2010年，对于公司来说，是值得纪念的一年。2010年上海举办世博会，那时服务社正好转制成功，成立了上海睿洁环保科技有限公司，通过几年的磨练，我们服务对象已发展到有十多个门类、有十几家大中型固定客户，有一定规模的企业。世博会的召开，正好让企业搭上了顺风车，我们不但通过招投标承接了秦皇岛码头、飞碟馆的日常保洁任务，还承接静安区、原卢湾区的新式里弄、系统房、售后公房的日常保洁项目。

保洁行业属于劳动密集型的企业，所以在日常管理中就更加考验企业的管理能力及凝聚力。公司从创业初期的几个人的服务社发展到现在有1 000多名员工的企业，在企业运营过程中会碰到很多问题，最严峻的问题就是组织架构和团队建设，其中，团队和人员的稳定又是重中之重。我们这个行业简单来说，就是人＋保洁经验，新来的员工需要培训，老员工也必须学习新的技能，作为传统服务业，我们没有所谓的科学技术核心，所以团队建设是个必不可少的问题。10多年里我们除了不断完善自己，大多数时间都在做团队建设，企业最初的元老已经六七十岁了。作为一名80后，经营着这么一大家子，我也不断思考着企业的今天和明天。我觉得个人的力量是渺小的，只有走市场化管理这条路，通过团队建设，企业才能有广阔的未来。通过引进市场化管理模式，现企业已从直线型管理演变成平行制管理模式进行运行。通过企业的运作及成长我觉得自己和企业在一起成长，我们始终坚持"以人为本"的精神，投入最真挚的服务与情感。

上海睿洁环保科技有限公司先后获得静安区文明单位、区五星级劳动关系和谐单位、优秀保洁公司、江宁社区年度慈善爱心奖等荣誉称号。今年企业获得了上海市人民政府颁发的"市文明单位"及上海市总工会颁发的"模范职工小家"的称号。就目前而言，保洁行业这个作为传统服务行业，不会被现代科技业所替代，他的市场价值直接体现于服务民生，他的服务价值取决于工作环境、生活环境的舒适度，所有公共环境的整洁都还离不开保洁行业。所以我们一定会致力于为解决老百姓的民生服务，将传统服务业做到更好更专。

妙手仁心，颈医卫

宁　友

上海镐然实业有限公司

作者：陈斌

创业人物： 宁友，上海镐然实业有限公司董事长。复旦大学医学院博士后，上海中医药大学博士。

一路求学，从学生成长为学者，对于自己所负的社会责任总是觉得有所遗憾，总感觉自己可以做得更多。

我的博士后研究方向就是脊椎抗衰老。当时做的数据调查表明，当今社会由于工作和学习方式的转变，颈腰椎问题的发病已经越来越年轻化，并且成为慢性病发病率排行第二和白领发病率排行第一的疾病。通过科研活动积累，我掌握了一系列业内先进的脊椎疾病治疗干预手段，但受困于体制原因，落地的步伐始终偏慢。2015年，我下定决心从复旦大学附属华山医院离职，为了自己的梦想而奋斗！从一个学者成长为了创业者！

学者和创业者之间并不存在巨大的鸿沟，成为一个学者是技有所长的过程，而创业的目的就是为了学有所用。在这一点上可以狭隘地说，创业者是学者的下一阶段。创业者实现自身梦想的过程，同时也是实现自身社会价值的过程。这一刻，创业者不再为学者的名头所束缚，衡量价值大小的唯一标准就是给社会和人民带来多少的帮助。最早是从金庸的小说中读到"侠之大者，为国为民"这句话。我离职时相信一点，只要抱有的初心和做的事业围绕着这句话，哪怕现在离开的是多么安逸的环境，也并不是什么痛苦的事。当国家需要这样的人，人民需要这样的事，你当下放弃一些利益去做了，总会有回报，而且这些回报来的是如此自然！

创业第一年太多需要亲力亲为的事，白天全力以赴，夜晚检讨自己，第二天再全力以赴。看似生活是一个圈，其实回头再观，这是一条对数螺旋线。在创业路上的每一天，你都是有所成长的，甚至这个成长速度超乎你的想象！

基于对脊椎发病人群的精准分析,我们的团队决定从颈椎这个小项的治疗和养护进行切入。在移动信息时代,手机成为大家的一个器官,那么其他器官就会遭殃。颈椎是一个消耗品,工作、生活中一些不良的习惯,会造成颈椎的损伤,所以说我们需要纠正患者一些不当的姿势,而且需要定期地干预。

我们引入西方量化评估方法,也结合中医传统的触诊手法,给到客户完整的颈椎状况评估。我们最先研发的落地技术,就是MAX颈肩靶向松解术。在这项技术基础上,我们结合仪器激活、敷贴调理等干预手段,推出了颈椎精准靶向养护的项目。可以自豪地说,客户体验了我们的项目后,大多数都十分震惊,自发地成为我们品牌的传播者。这极大地节约了品牌初创阶段的市场推广费用!

核心团队的建立是个费心事。在创业最起始,因为我个人出身于医学科班,最完善的还得数技术团队,运维和市场是我们的短板。技术的落地离不开运维和市场,有一个好的运维和市场运作团队,好比步枪加了准心,火箭加了助推,更加精准,更加有力。

每个创业者都是带着极大的热情、极大的勇气来颠覆自己的生活。对于未来,明智的创业者应该保持一定的冷静,需要看得更远,从而才能走得更远。

创业的成功不是必然!从大数据上来讲,失败的概率远远大于成功的概率。如履薄冰更应该是创业者时刻提醒自己的心态,成功和失败可能仅仅源自一个小小的决策。

很幸运,我们所在的行业顺应了国家对于全民健康关注的大趋势。市场容量的不断增大,给予了我们企业极大的发展空间,边际效应的来临相对也会更晚些。纯以政策层面来说,国家对创业者的扶持也是较大的,而且考虑到我们即将落地的科技创新成果,政策风险对于我们来说也仅是加快自身规范化的磨刀石。

通过这段日子的磨合,颈医卫的团队发展已经进入了一个新的时期,一个快速发展的时期。我们立志做行业的颠覆者和创新者,这个角色的定位,也是为了整个行业更快的规范化。如果有那么一个机会,我很乐意为行业的发展尽到自己的一份力!

侠之大者,为国为民!

全民健身，动起来！

陈志剑
上海静安区卡莱尔体育健身俱乐部
作者：陈志剑、李相君

创业人物：陈志剑，上海静安区卡莱尔体育健身俱乐部理事长，从2014年孵化创业，到2017年服务健身人次十万次以上，愿景为希望能为全民健身工作尽自己绵薄之力，将健身的乐趣带到所有人身边。

上海静安区卡莱尔体育健身俱乐部是一家致力于响应政府"全民健身"而成立于2014年1月的民办非企业单位组织，以"体适能健康管理项目"为主线分别通过企事业单位、专业健身场馆等渠道，向个人及团队提供特色课程送教上门、各类活动的组织策划等专业服务，传递运动带来快乐、融合、高效的理念，以帮助个人乐享生活，助力打造企业文化为主旨，提供相应的定制化方案和服务。

卡莱尔体育健身俱乐部的团队人员均在专业健身领域有5—10年的从业经验，具备丰富的项目策划、组织执行能力。在创业过程中，我们的定位不仅仅是"健康运动的传播者"，更应该是"健康运动的教育者"，提供健康运动的理念与契机。

积极响应政府号召，组织策划各类体育活动

卡莱尔体育健身俱乐部自2014年成立以来，共组织策划区级500人以上大型体育活动11场，包括2014—2015年静安尊巴热舞PK赛、2014—2015年静安区司法局趣味运动会、2014—2016年静安国际室内划船挑战赛、2014—2015年江宁路街道、曹家渡街道趣味运动会等。组织策划200人以上体育活动近百场，包括2013—2016年静安体育广场周周赛、2014年静安区残联、妇联趣味运动会、江宁路街道各居民区趣味运动会、江宁路街道尊巴热舞活动、江宁路街道乒乓球比赛、江宁商会定向活动等。

俱乐部自成立以来组织的各类活动累计参与人数近 3 万人，让静安区居民在锻炼身体的同时，提高自身健身意识，为静安区"全民健身"的推广作出了应有的贡献。

立足街道积极从事公益事业

卡莱尔体育健身俱乐部于 2013 年 8 月承接了江宁路街道百姓健身房的管理和运营工作。俱乐部本着"公益第一，服务为先"的原则，由专业化的团队来负责百姓健身房的管理和服务。三年多来健身房累计锻炼的人次超过 12 万，运营模式得到了社区居民的广泛肯定和支持，每逢节假日和全民健身日，健身房还合理安排开放时间，免费向居民开放。

同时俱乐部利用自身技术优势，为江宁路街道体育健身俱乐部提供排舞等技术支持，为其打造的尊巴和健身舞队伍亮点十足，是江宁社区的品牌团队。

发挥自身优势，积极配合"你点我送"服务

"你点我送"体育配送是静安区体育局为深化静安区"30 分钟体育生活圈"建设，通过一系列的体育服务搭建的亲民、便民、惠民的公共体育服务平台。卡莱尔体育健身俱乐部作为体育局下属民非组织，利用自身技术团队优势，积极参与到"你点我送"服务当中，为区内 58 家企事业单位提供过健身器材配送、健康讲座、健身指导送教上门的服务，累计服务人次超过 1 万。

卡莱尔体育健身俱乐部成立以来，荣获上海市体育总会颁发的 2015 年度上海市示范健身团队奖，2014—2015 年连续 2 年获得江宁街道办事处颁发的慈善爱心奖。俱乐部旗下多名教练常年被聘为社区体育指导员。

回顾过往，我们的创业之路并不是一帆风顺，经历了三年的努力与探索，在场地管理积累了经验，在课程送教也能根据有别于健身主力军的新特性及时调整教学内容，举办活动方面的经验从无到有，都是我们创业之路上积累下的宝贵财富。我们也会怀揣最初的梦想，抓住优势、弥补劣势，以百分之一百的积极程度继续现在的工作，共同创造美好的明天！

竹饰新语，绿色梦想家

阮建荣

上海嘉荣环保科技有限公司

作者：阮建荣、王晓辉

创业人物：阮建荣，上海嘉荣环保科技有限公司总工程师。他视"绿色建筑、环保装饰"为己任，积极带领所在企业与行业投身可再生资源开发利用和绿色建筑装饰事业。通过集聚产业资源，促进建筑装饰、竹装饰产业向绿色、低碳、环保、可持续方向发展。

扎根在建筑装饰行业多年，我始终有一个绿色的梦想。2013年，怀揣着满腔热情和对美好生活的渴望，我和夫人决定创办一家致力于绿色环保工程的公司，为人们提供安全、健康、便捷、舒适的空间。

就这样，上海嘉荣环保科技有限公司创办了，嘉荣主要提供环保工程、环保材料与家居用品、文化用品、物业等服务。但放眼上海，乃至全国，像我们这样的初创型企业何止千万家，更不用说在市场上分得一杯羹了。

我在偶然间得知中国室内装饰协会正在计划推广竹材。便与上海市室内装饰协会联系，在商谈中，一下子碰撞出了火花：随着环境污染、生态破坏日益严重，人类的生存环境不断恶化；而竹子可制造氧气、产生负氧离子，是绿色环保的可再生资源，可完全降解。当下，我便萌生了采用竹子取代传统材料的想法。

为了掌握竹子的特性，我多次奔赴浙江、江西、福建、安徽、云南等竹产区，一头扎进竹海中，深入了解竹产业的现状。我对竹子越来越熟悉，也越来越有感情。随着调查研究的深入，我更加坚定了自己的想法，竹子经过科学的技术处理与加工，在许多方面都可以替代木材、钢材、塑料等资源，不仅节约能源，还环保，有利于人与自然和谐共存。多年从事建筑装饰行业的经历，使我敏锐地察觉到，大胆地运用竹材替代传统的建筑、装饰材料是完全可行的，这将是一次意义非凡的变革！

2013年，国家级重点项目中国竹材装饰（上海）设计应用推广中心落地在嘉荣。在项目建设运营期间，公司在人员、场地、经费等方面投入很大，但在全体员工的努力下，竹资源与产品从无到有，竹中心也成为全国性的竹材装饰研发、设计、营销展示平台和发展竹材装饰的重要基地。如今，嘉荣组织全国各地竹产业龙头企业、科研单位、设计单位，研讨工作、剖析问题、联合攻关，推动竹产业发展；每年都与其他协会联合，组织举办两届国际性大型论坛，探讨新的合作契机与发展方向。

公司在不断发展，但面临的压力丝毫没有减轻。企业和竹材结合越紧密，需要研究的问题也越多。

随着竹资源开发应用的不断推进，问题也逐渐凸显：竹产业的产品单一，开发成本高，竹材料、竹装饰、竹家具的工艺技术存在缺陷……这些问题严重影响着竹资源开发应用的进程。竹子是可再生资源，然而在工艺、技术、市场上却困难重重，每次想到这里，我便着急不安起来。

2015年，嘉荣院士专家工作站揭牌成立，引进了以张齐生院士为核心的高端科技人才，开展竹子的研究开发工作。研究进展顺利，使得我越来越有信心。竹材在汽车、公路、轨交、高铁、舰船、游轮码头、直升机、航站楼、人造草坪等领域都将有高附加值的产品应用，促进形成新型的产业中心前景广阔，竹产业发展动力十足。

在经营活动中，我充分考虑健康环保因素，把研究成果及时引入企业发展进程。为了一个绿色健康的生活空间，我们不断推进竹材的使用。我深刻地体会到：只有广大公众都认识到竹材的重要性，才能推动环保事业的发展，让公众"识竹""爱竹""用竹"，是我努力的方向。为了提高品牌知名度，完善品牌体系，申请了以"竹饰新语"为代表的一系列商标，并参加了品牌示范点的申报。

在持续不断的努力下，《竹饰》专刊于2014年编纂发行，并在竹材论坛、会议、展会上发放，持续扩大竹材影响力。同时，在浙江西塘筹建竹木产品展示厅，在上海、义乌、永安等国际大型展会上展示竹空间、当代中国顶级竹制品、竹的精良工艺等，提升竹材在市场上的知名度。还在上海周边规划建设旅游体验式酒店，将竹材与实际应用紧密结合，将景区游览、体验馆、体验活动等动态结合，让更多的人通过真实的场景体验喜欢竹、爱上竹。

竹子的优越性能被越来越多的人所知晓，我在竹产业的成就也得到了大家的肯定和鼓励。2015年，中国林业产业联合会授予我"中国林业产业诚信功勋人物"殊荣。2015年，嘉荣被推选为中国竹具品牌联盟执行主席单位。2016年，我获得了国家林业局和中国农林水利气象工会颁发的"第三届中国林业产业突出贡献奖"。2016年，被永安竹产业研究院聘任为永安市竹产业发展高级顾问。2017年，被上海立信会计金融学院聘任为教授。"竹具设计大赛银奖""中国竹材装饰创意设计大赛银奖""上海国际室内设计节最佳服务品牌""五一劳动奖章""海纳百创创业明星企业""优秀中青年拔尖人才""社会服务先进个人"等奖项和荣誉给予我前进的动力。为梦想而坚持，为梦想而拼搏。我挚爱着竹，无畏风霜雨雪；我追逐着自己的梦，为践行健康装饰！

2016年9月10日，中国林业产业联合会竹木企业发展促进会成立暨一届一次理事会会议在上海市静安区隆重举行，我当选为理事长。舞台更大了，资源更丰富了，肩上的担子也更重了。今年5月3日—5月10日，我和夫人随国家林业局总工程师、中国林业产业联合会副会长封加平出访巴西、秘鲁两国，并就环保家居事宜签署了战略合作协议。6月17日，我在践行创新、协调、绿色、开放、共享五大发展新理念的"首届生态文明，绿色发展论坛"上，签约中国林业战略性新兴产业发展基金。我参加了2017绿色公共建筑装饰高峰论坛暨第三届星级酒店升级改造高峰论坛，论坛上以"绿色、节能、舒适、共享"为主题的2018首届装配式竹家居制品创意设计大奖赛启动。在我的坚持下，大型竹建筑——杭州德中同行之家已经落成！"明日之家"集成了国内外最新最前沿的高科技、智能化、低碳环保技术和产品，采用引导未来住宅可持续发展的"百年住居"建造理念和技术集成体系，通过传统建造方式向标准化设计、装配化建造的住宅产业现代化生产方式的转型，建设具有优良品质的现代住宅。

科学在进步，时代在召唤，将可再生的竹材应用于建筑及装饰领域是我梦寐以求的。今年，我参编了一项有关装配式装饰标准的制定，期待有助于竹子的研究、开发、设计、应用。我希望可以为竹子做更多的事，在竹子的领域，我努力打造以"竹饰新语"为品牌代表的系列产品，为民族的富强加油，为中国梦上下求索、不懈奋斗。

在中华民族伟大复兴的背后，是千年的回响、百年的渴望。竹饰新语，我的绿色梦想！点燃了我生命的火焰，温暖着黎明与黄昏。

创业咖啡匠的工匠精神

王振东
上海君客休闲餐饮技术培训学校
作者：王振东

创业人物：王振东，上海君客休闲餐饮技术培训学校联合创始人、上海啡越投资管理有限公司董事长。上海市民盟青年委员会委员、静安区政协委员、静安区青年英才，上海咖啡专委会主任，长三角咖啡协会发起人、理事，国家级咖啡师职业能力鉴定题库开发专家，自2007年创业至今，成功运作多个咖啡项目，涵盖企业咨询、技术开发、教育培训、大宗交易多个领域，时至今日，以"茶咖一味"为核心理念努力融合东西方饮品文化，通过自主研发设计产品，获取专利，力争成为饮品界的创新企业。

自从2016年李克强总理在全国两会的政府工作报告中首次提出了"培育精益求精的工匠精神"以来，"工匠精神"已经成为产品营销、创业路演和专家报告中出现频次极高的热词。作为一名从咖啡工匠白手起家，十年来一直自诩坚守工匠精神的创业者，我自己对于创业、工匠精神和匠人之间的关系有一些感悟。《易经》有云："形而上者谓之道，形而下者谓之器。"创业和工匠精神属于形而上的范畴，因此创业从本质上说是感性的行为。而匠人自身是形而下的东西，因此理性可以被认为匠人所必须具备的内在属性。

起 航

2007年，我的第一个创业项目是外卖平价咖啡馆。作为拥有咖啡师工作经历的自己，在创业初期只需要招募一名收银员就可以轻松撑起整家店的运营。由于店里所有产品都是我自己亲手制作，所以只需要自我管理和自我突破就可以实现产品的质量控制和升级。但很快这种模式遇到了问题，随着企业发展，新招募的员工即使在培训后也很难达到我的技术水平，从而使得产品的品质波动很大。而我也被束缚在咖啡师岗位上没有更多的时间去思考发展问题，寻觅拓展渠道。为此我下决心做了一个改变，将自己的岗位设定由一名咖啡师转变成外卖员。放弃自己的技术特长去做外卖工作，对于匠人来说这样的选择非常痛苦，但对于我的咖啡店而言却是一个质的飞跃。

现在想来才明白创业过程中所需要的并不是纯粹的匠人技术，而是拥有工匠精神的经营者。若在创业中执意追求匠人技术而忽视工匠精神的提炼，到头来只能深陷于苦苦维持企业生计的泥潭之中。

改　变

2011 年，咖啡馆项目用四年的时间发展到了十余家门店，此时的我却对自己发起了全新的挑战——开设一家咖啡学校。我转让了原先咖啡馆的全部股份，和太太一起在母校上海商学院的支持下开始了以"君客"为品牌的咖啡培训创业项目。刚开始的两年远不如当年开咖啡馆顺利，虽然在行业内形成了一定的品牌影响力，但培训课程却始终只有"咖啡创业培训"这一项，而招生也是借着连锁咖啡店创始人的名气和经验吃着之前的老本。就这样蹉跎了两年的时光，2013 年，我决心放下之前做了十年的咖啡经验和技术，重新思考咖啡。从那一年开始，我去全球各地跟随不同国家的老师学习咖啡文化和技术。在两年的时间内，经过 30 多次考试，我获得了欧洲和美国两大咖啡技术证书体系所有模块的最高等级认证，并且拥有了教官和考官资质。这个重新学习的机会让我能够从理论层面系统的认识咖啡，再结合我之前的实践经验，很快我就形成了自己独特的咖啡流派，将咖啡培训项目提升到了一个全新的高度。我和团队的伙伴们一起制订了一系列的发展计划。在课程方面，我们一起将课程模块化，让课程内容变得标准，使每一位老师都可以独立承接一部分课程。在对外宣传上，我们为每一位老师打造出独具一格的技术特点形象，同时让"君客"始终作为一个团队集体出现。在职能方面，我更多地开始扮演起一名技术开发和渠道开拓的角色，执行则是全部由团队完成。

我并不认为将创业项目迅速发展的匠人创业者一定会成功，有太多的匠人在这个过程中忘掉了初心，输掉了情怀。毕竟沉重的技术既是依仗，也是负担。

创　新

对于匠人而言，我们的创新不同于科学家般严谨，也不同于文学家的天马行空。匠人的创新应当是基于长年累月技术和经验的积累，并且结合传统文化的传承和新型技术的应用，最终创新出具有实用价值的新技术或者新产品。2017 年，我发明了以"茶咖一味"为核心的风味轮品牌"水晶皇后壶"，并已经申报专利。这既是我作为一名中国人对于中国传统茶文化的致敬，也有我作为一名咖啡师对于咖啡的执着热爱,其中更是将欧美流行的"金杯萃取"理论融入了设计中,让即使是对咖啡一窍不通的消费者,也可以不借助任何其他工具做出一杯符合"金杯萃取"理论数据标准的咖啡或者茶。

作为匠人创业者,仅仅创新技术和产品显然是远远不够的,更重要的是基于自己对于技术和市场独特的见解进行创业项目的模式创新,建立起企业的系统。治大国若烹小鲜,建立企业系统也是一样的道理,看似错综复杂,实际上和匠人所熟知的技术原理别无二致。因此,我借助咨询培训积累的技术优势,于今年创立了视频自媒体平台"咖后解密",半年内从零起步,视频累计播放量超过 300 万次,并有十五条视频被百度百科高热度词条收录,目前已完成 Pre-A 轮融资。

至此,通过自己的努力创业,旗下已经拥有了"君客"品牌的咨询培训业务,"咖后解密"品牌的自媒体业务,"风味轮"品牌的新零售业务这三大业务板块。最终,我将通过最新发明的智能咖啡冲泡系统和即将开设的品牌体验店,把君客企业群建设成国际一流饮品技术与产品创意研发中心,成为真正意义的咖啡界"苹果"。

根据自己亲身的创业经历,我认为匠人创业者因为其所拥有的技术特长,在创业中具有得天独厚的生存优势和品牌优势,创业的目标也应该是实现梦想、锻炼技术和提高生活质量。在创业的过程中,必须清楚地认识匠人技术和工匠精神之间的关系,既不能"见器失道",也不能"空谈误国",应该充分发挥自身的优势,通过发挥工匠精神,在创业过程中做出符合自身客观条件和梦想的选择,以自我价值的实现而不是获取多少利益为成败与否的衡量。那样才能真正地在创业中收获到快乐、朋友和成就感。

大音希声·追求极致

王志平
上海大音希声新型材料有限公司
作者：王志平

> **创业人物：** 王志平，上海大音希声新型材料有限公司总经理。《纳米孔气凝胶复合绝热制品》国家标准制定主要成员之一。2009年开始创业，在气凝胶领域已取得了多项发明专利，产品获得了由中央军委装备发展部颁发的装备承制单位注册证书。

老子《道德经》曰："大方无隅，大器晚成。大音希声，大象无形。"即最大最美的声音乃是无声之音，达到极致的东西是不可捉摸的。至真、至美、至纯、至静是上海大音希声新型材料有限公司的夙愿和无尽的追求。

上海大音希声新型材料有限公司是一家研发、生产、制造与销售新型无机固态气体超效绝缘材料的高科技企业。公司研发的新型无机固态气体超效绝缘材料（气凝胶）是一种新型纳米多孔材料，其独特的结构使之成为目前世界上最好的隔热、防火、红外抑制材料，最高使用温度可达1 200℃左右，且该材料在高温下不分解，无有害气体放出，属绿色环保型材料。

公司于2010年初成立，在成立初期得到了静安区科技创业中心的大力扶持，例如，公司办公场所租金减免、税务优惠、创业基金的立项等，帮助公司克服解决了创业初期种种困难，从而鼓舞了公司员工的创新、研发的积极性，使公司科研人员能一心一意投入到产品的研发上。正是由于区科技创业中心的大力扶持，公司员工通过不懈努力研制出了新型无机固态气体超效绝材料（气凝胶），并在短短几年时间里获得了多项发明专利。2012年公司研制的材料通过了军方鉴定；2014年获得了国家科技部的科技型中小企业技术创新资金成长期企业项目立项；2015年经中国科学院查新论证：该材料具有新颖性，属国际先进水平；2017年初获得中央军委装备发展部颁发的装备承制单位注册证书，同时公司还是《纳米孔气凝胶复合绝热制品》国家标准（GB/T 34336-2017）制定委员会主要成员。

由于气凝胶复合材料是一种全新的绝缘材料，初期在国内尤其是国防军工领域几乎无应用先例。因此在产品推广上碰到了难以想象的困难，例如，在某军工重点工程的上层建筑区域使用传统材料始终无法解决高温热辐射问题，致使一直达不到设计应用要求。我公司在得知这一情况后迅速展开调研，经分析后觉得我公司的产品能有效解决此难题，便积极推荐并拿出此产品的各类权威机构检测报告加以说明。尽管各类检测报告中的各项性能指标均能满足要求，但因在国内应用上史无前例，所以诸多专家和军方技术人员仍持怀疑态度，尤其是不相信这么高难度的问题我们这么个小公司能够解决。为使我们这高新产品进入市场，我们决心坚持不退缩、咬紧牙关克服一切困难。有几处工程我们甚至免费提供材料和安装试验，记得有一次在北方某厂，为抢时间确保次日多方专家和技术人员到现场考核，我带领公司技术人员在零下十几度的寒冷天气里，冒着风雪在船上施工安装，最终第二天考核成功且获得了赞赏。就这样我们通过不懈努力和拼搏，终于使我们的高新产品一步一步迈入了军品市场。

众所周知，高新产品，尤其是新型材料的研发时间长、投入大、产生效益慢，且在发展、推广时都离不开国家的强有力的支持。目前公司的产品主要应用于国防领域，但是该产品在民用、交通、建筑、油气、化工、极地等领域拥有更广阔的市场，据相关权威机构统计，此新型材料的全球消费量将以每年78%以上的速度增长。公司将通过对国军标的质量管理体系的贯标、实施，进一步规范管理流程，使我们能很好地完成军品配套科研及生产任务。相信在静安区科技创业中心的大力支持和帮助下，通过我们的不懈努力，公司会更上一层楼，为军民融合发展和我国的国防、航天、民用等领域做出更大贡献！

在这里我只想说"千里之行，始于足下"。有了良好的开端，只要持之以恒，一定能走到成功的彼岸。

我的生活我做主

商志营

上海宝纪信息科技有限公司

作者：商志营

创业人物：商志营，现任上海宝纪信息科技有限公司董事长。中欧工商学院EMBA，同济大学应用地球物理和广告学双专业。在华为等多家知名企业任职，从事通信、信息技术、智能商业系统营销、开发、管理工作多年。创立公司后，以平台开发、数据分析为核心，从事智慧城市、智慧交通、智慧商业、智慧园区的综合信息化智能化解决方案。静安区创业领军人物。

　　宅在家里拿起手机就可以买买买，这就是现代人，尤其是很多80后、90后。同样，"明天一起去做美容吧"，也是日常生活的主要部分。但是互联网发展的今天，带着对自己更美丽的期待，谁还愿意到店里排着长长的队伍？让互联网和生活服务结合必将成为未来的生活服务业的主流模式。

　　很多人会认为互联网和服务业的结合，也就是用微信或者APP替代"打个电话"预约，仅此而已。但这只能是互联网结合的最初步的形式，甚至可以说这根本不叫服务互联网化，完全是一个工具的使用而已。对于当前的年轻人来说，这个已经是司空见惯。那什么是生活服务与互联网结合的创新呢？

　　互联网给生活服务带来的变化，主要集中在时间把握、服务体验升级和沟通更便捷几个方面。也就是，在互联网的移动性，服务流程的人工智能以及信息的大数据上实现创新。

　　点美作为美容美发美甲为主，面向生活服务的美业领域的创新性科技企业，在提升美业的发展和变化中通过持续的、多方位的创新，实现传统的美业生活服务模式与互联网模式在创新的基础上对整个行业实现新的发展，创造新的中国美业模式，由此为世界提供美丽的新趋势、新发展以及创新性的思维。

　　首先在互联网的移动性上，对不同需求的客户提供量身订制的预约方式。传统互联网预约，主要是一个时间记录或排队系统，而没有从不同用户需求的角度出发进行预约。从创新角度出发，根据客户的不同类别，不同的消费频次，不同的需求，不同的消费数据以及不同的个体特征，提供了一个直接和简单的预约模式，名为"一键预约"。所谓"一键"，就是从对用户的人工智能、大数据和消费个性化角度进行的分析，由此可以让用户更好地做主自己的生活。

再者，传统美业的服务流程是开店，店铺促销，等待客户上门，并销售会员卡实现循环服务的模式。而互联网模式，尤其是移动互联网的情况下，用户可以获得更多的信息，比如门店的信息、手艺人的获奖情况、作品集、潮流趋势、美丽学院等各类信息，并通过智能化的信息传递机制，让用户更能了解美丽的发展趋势及审美的变化。用户的自我美丽认知上更自信，并获取更多人的欣赏及更美好的心情。同时也优化传统店铺的流程，让坐商模式变为行商模式及品牌模式，实现服务流程的多样化和可选择性。

传统的沟通环节和服务是重叠的。现在通过信息的延伸，让沟通和服务直接可以分开，并能够相互促进、相互发展，而不是传统情况下沟通和服务的相互影响。

当然，大数据更是创新的关键，美业作为传统行业，互联网程度比较低，大数据程度更低，由此在经营上，在规模经营的发展上会受到比较大的限制；对于用户来说，更是停留在功能性的需求满足上，而不能适应"我的生活我做主"的体验式需求阶段。此时的大数据的各种分析工具，包括数据的采集、数据的清洗、数据的统计、数据的分析等可以让用户能够对于自己有更深更全面的了解，也对自己的需求更加清晰，自主性也就得到更大的提高。

以上更多的是通过用户的体验角度描述。对于行业发展来讲，也同样有着很大的帮助。由于用户对于对服务的体验性要求比较高，尤其环境要求比较高的行业，逐步会扩大店铺在社区物业的物业规模，并提供更优质的环境和更优质的服务，由此会出现社区店铺规模的集中化，单店规模加大，品牌的规模增大的互联网式发展模式。

新型互联网与传统美业连锁公司结合，在行业中有几个比较优势的特点，这些特点能够在互联网发展中成为社区服务商业的主体。连锁公司有一定的资本优势，有一定的能力投资信息化建设和互联网的服务，且资金可以对服务主体的店铺进行更多改造升级，为社区提供更优质的服务。社区服务业最重要的是服务人员，连锁性企业有更多的专业服务人员，并能提供更专业的培训，占据行业的优质资源，能够适应社区对于服务质量更高的需求。

服务业中除人员之外，还有服务使用的各类设备和各类产品，连锁性服务公司能够通过集中采购等方式减低运营成本，能够为企业的长期发展提供更好的条件。相对于没有专业的管理人才，也没有管理的能力，提供服务的差异性和随意性大的传统服务来说，可以通过互联网和移动互联网的优势，了解社会需要的变化，甚至可以引领服务模式的发展。点美在这些创新基础上，有着非常不错的成绩，在上线的三个月内，就已经实现交易量接近亿元的规模。

总体来说，通过对服务行业和互联网发展特性分析，通过互联网和传统行业的创新结合，尤其是大数据的使用，创新发展迅速的中国会为世界带来更清晰的发展路径。好的时代和好的条件，时不我待，一定是非创不可，我们将在创业的路上不断地创新，必将带来更美好的未来。

信息服务业

信息才是互联网的主场

开荒溯源之路

邹晓明

上海绿度信息科技股份有限公司

作者：宋双

创业人物：邹晓明，上海绿度信息科技股份有限公司董事长。上海大学 CCSR 项目优秀导师、上海大学 GLMBA 首批社会董事、全国 MBA 新锐 100 强、静安区创业领军人物、上海科技企业家创新奖（青年企业家创奖）、罗定市水稻产业技术创新体系产业溯源系统顾问、中国农产品质量安全追溯平台创建的传奇人物之一。从 2009 年孵化创业，到 2015 年 11 月登陆新三板市值超过 1 亿元；从 2009 年到 2017 年，近十载的风雨变革，初心不变，始终专注于"三农"信息化建设。

邹晓明在农业这条路上，可谓一波三折。从未满 20 岁就离家外出打工，到后来自己创立广告公司，再到回校深造，再到步入市场商务领域，最后才接触了农业，并下定决心一条路走到底。

与其他创业公司不同的是，邹晓明创业的第一年比较顺利。2011 年，上海绿度公司就在上海大学科技园成立了，之所以能这么顺利地成立，还要得益于另一个很重要的契机。当初在做追溯系统项目前，邹晓明常带着团队去上海一些比较大的农业展会，悄悄记录下哪些企业或基地比较大，事后再去拜访，把他们的系统解决方案、追溯思路和这些企业谈。恰好，有两三家企业对这事情有需求，而且邹晓明团队提出的解决方案和思路特别符合对方当时的需要，所以在这件事的强推下，四月份上海绿度正式成立了，七八月份签下了第一单——大概 86 万。紧接着，在青海又和政府合作了一个牦牛养殖的追溯系统项目，这个项目得以实现也完全多亏了前一个项目的支持，之前邹晓明和团队都是参加展会，光看的，但是和第一个企业合作了之后，对方就建议他们去铺展，他们的追溯系统可以作为日后展台上的亮点和特色。结果他们真的去了，展会上摆摆资料、摆摆系统，在现场做演示。没想到无心插柳柳成荫，这次准备过程稍显仓促的现场展示让绿度实现了从参观者到参展商的身份转换，也为绿度赢得了意想不到的机遇。就是在这次参展过程中，青海省政府向他们伸出了橄榄枝，绿度很幸运地获得了对方的青睐，并

非创不可 创业我有料 你有梦想吗

且成功地接下来这个牦牛养殖追溯项目。

接下来走的路,必然不是一条直冲的路。也是基于邹晓明学过市场商务方面的管理,所以在公司的对外资源上,邹晓明掌控得很好,算是学以致用。但在公司内部的管理上,公司今后的发展方向上,还是有点困难的。邹晓明说,有时候自己都很迷茫的时候,是团队扶着他继续走的。当初绿度在选择创业模式的时候,就曾在做电商还是做项目上有过分歧,绿度团队在这一点上丝毫不含糊,调研了小半个月,在各方面资源都缺少的情况下,绿度不适合做电商,最终决定走项目这条路。选择好方向才能决定你接下来的路是顺畅还是艰难,很庆幸,这条路走到现在,可以说是几乎很顺畅。

回顾过去,绿度是如何从上海大学的创业园区搬到社会上的?邹晓明告诉我们,这得益于公司的发展迅速,硬件设备及人员等资源都急需扩大,且标准化管理,这一切都迫使他们不得不搬出那个温室了。这也意味着,绿度要像其他正规企业一样,制定年度计划,需要盈利,需要大量资金支持企业运作。这真的是一份事业,一份刚刚起来的事业。正随着国家对可食用农产品安全的管控,国务院颁布加快推进重要产品追溯体系建设的意见,农业部、商务部等多个相关部门也积极响应,颁布推进食用农产品、食品质量安全体系的建设。绿度积极响应政府号召,积极参与农业部"国家农产品质量安全追溯监管平台"项目规划与建设,先后承担了上海、浙江、青海、广西、湖北等多地农产品质量追溯监管平台项目建设。一路走来,绿度也获得了外界的一致好评,公司于 2015 年 11 月新三板上市了。这是对绿度的肯定、对邹晓明及其团队努力的肯定。

公司现在是以食品安全溯源和物联网系统的农业信息化服务为主,为客户提供农产品的可追溯解决方案。现在这个东西听起来都是很多人所不理解的,我身边的人也在问我,溯源真的有必要吗?大家都在吃,菜场里卖得好的,不就是安全可靠的吗?绿度想说的是,只有追溯到原产地,让我看到、听到,我才能相信它是健康的、安全的。与此同时,绿度不仅追溯,在消费者决定第一次购买这款产品的时候,绿度更多的是在向消费者传递这个产品的制作企业是怎么样的,这款商品你能直接从原产地买,你可以扫扫码,坐在家里、挤公交、挤地铁的时候,就能再次回购这款产品。

目前公司主推的产品:绿度追溯 APP,是一款基于质量追溯安全评估体系,帮助农业企业建立"农产品品牌"的一款营销型追溯 APP。对农产品从

生长、收购、贮藏、运输等外部环节进行数据跟踪和采集。通过手机扫码查看产品溯源档案,也可跳转到在线商城直接回购商品。

绿度公司也是2017年度"上海市农产品质量安全监管平台建设与应用"科技兴农项目课题主要承担单位。这就意味着以后上海市的食品只要是经过这个平台的,都是符合安全标准的,甚至含有更高的营养价值。

送一句箴言:创业,生存下去最重要!

信息化平台的私人订制

李鹏飞
上海有立信息科技有限公司
作者：任宁、李鹏飞

创业人物：李鹏飞，上海有立信息科技有限公司创始人之一（销售负责人），大连理工大学软件工程硕士（在职）。从2013年5月孵化创业，2015、2016年度业绩均突破千万，目前正在申请新三板挂牌。2017年荣获静安区百家优秀创业企业表彰。

私人订制的概念近年来悄然兴起，这种消费新模式正受到越来越多人的青睐。我和我的团队抓住了这个契机，开始了我们的信息化平台私人订制之路。

2013年5月，上海有立信息科技有限公司创立。创业初期充满着挑战，压力与机遇并存，好在公司的核心团队经验丰富，在创业初期就十分重视企业自身的管理和创新。因为我们深知，企业若不重视管理，不提高企业发展的"软实力"，将难以应对激烈变化的外部环境，难以维系持续发展。利用自身专业优势，我们先为公司自身订制了信息化平台，实现了企业内部信息的采集、共享和交流，建立经营决策管理体系，健全内控管理制度，理顺与重塑工作流程，强化工作过程监管，建立集约型企业发展模式。量身订制的平台让整个创业过程事半功倍，有效地提升了员工的工作效率和工作质量。

随着静安区"互联网＋政务服务"理念的不断深入，我们发现了商机，把目光投向了事务纷繁复杂的政府机关和医疗卫生行业，根据客户的不同需求为客户订制产品，提供个性、实用、高效的信息化解决方案。

2013年，我们依托雄厚的科研力量和快速的信息反馈，通过不断调整产品结构，优化资源配置，研发了"社区就业移动服务软件"和"智能档案信息管理软件"，并在静安区人力资源和社会保障局下属的就业促进中心予以应用。将互联网平台与公共就业服务相结合，这一突破传统的信息化就业服务新模式获得了良好的成效，并得以迅速推广。

2014年9月至今，我们研发的药品外包装智能标注终端，在功能上已基本达到预期效果，样机生产完成，并在静安区卫生和计划生育委员会进行推广试点工作。在此项目中，我和我的团队拥有两项核心技术，一是激光振镜扫描折射系统，即引用高精度的全进口硒化锌镜片，在反复调整合理的反射角度后，实现激光束的有效反转，这为缩小整体设备的体积提供了先决条件。二是实时通讯的实现，包括设备数据与人机交互平台的即时传输，以及对外控制系统与医保或第三方 HIS 系统信息的实时交互。这两项关键的技术让我们的产品拥有很大的优势：标注效果好、效率高、维护成本低、占用空间小、数据接口全，可以接收第三方系统数据内容进行标注等。

经过不懈努力与发展，我公司目前已有相关产品的知识产权共计 21 项，其中软件著作权 16 项、实用新型专利 4 项、发明专利 1 项，被认定为"上海市软件企业"和"上海市高新技术企业"。

一路艰辛一路歌，可以说这是我创业经历的写照。同时，我想和准备创业或正在创业的朋友们说：创业路上，你可能会觉得孤独但你并不孤单。今后，我将继续带领我的团队，创新创业、敢为人先，坚持以"优良服务是企业的生命线"为服务宗旨，致力成为信息行业最具竞争力的服务提供商。

同学，有你的快递

陆 鹏

上海花致信息技术有限公司

作者：陆鹏

赵梦（上海大学研究生创业俱乐部）

创业人物：陆鹏，上海花致信息技术有限公司创始人、董事长。荣获"2016上海大学生年度人物提名奖"。拥有丰富实践经历的他，立志于研发出一款软件来解决快递进校以后的最后一公里产生的信息发送与获取以及快递末端的仓储问题。2015年公司依托上海大学科技园正式成立，公司开发了"到了吗"——高校物流信息共享平台，包括商户端（物流公司使用）和客户端（在校师生使用）两套系统，解决校园物流"最后一公里"。

他来自红军长征会师的红色根据地——甘肃会宁，成长中秉承着"不畏艰苦，顽强拼搏"的优良传统，从打工力扛板砖到独立承包工程；从奔波家教到创立辅导机构；从收发快递到物联网创业：发掘同学们生活中的痛点难点，寻求破解物流"最后一公里"难题。从行动中思考，在思考中挖掘创业机遇，他实现了"灵感闪现"到"撸起袖子干"的无缝衔接，将一位90后的抱负融于互联网+时代的社会服务和创新创业。

他立足专业、心系社会、广泛调研、勇于创新。两年内融资2 200万，成功开发"到了吗"手机客户端，业务涵盖上海40余所高校，服务40多万大学生用户，与200多家物流方达成战略合作，为数千名大学生提供了勤工助学的岗位，他正是胸怀梦想、自强不息的互联网+校园物流最后一公里的创业者和先行者。他就是"到了吗"APP研发团队的负责人，上海花致信息技术有限公司的创始人——陆鹏。2016年11月29日，上海大学研究生创业俱乐部的成员们来到宝山区纪蕴路上海智力产业园，对陆鹏进行采访。

产品：保障校园物流"最后一公里"

2010年10月，就读沈阳师范大学的陆鹏开始接触快递业务。2010年恰是中国快递行业迅速发展的一年。2014年，中国快递行业进入发展黄金期，这一年，陆鹏成为上海大学社会学院社会学专业的研究生。作为一名在校研究生，每日经过校园内快递领取点的场面都让陆鹏百感交集：庞大的体量、随意堆放的快件，不仅生出了很多无名件来，还造成了许多学生取件难的问题；每日同学们的取件时间有限，却因物件巨多经常排队，导致效率极低；虽有一大批快递柜已逐步引入高校内，但需求量远高于投资数，不但解决不了根本问题，甚至由于低利用率侵占了校园的公共空间。高校物流纷乱是否为普遍现象？是不是可以想个办法缓解下这个难题呢？

在这些因素的冲击下，陆鹏产生了在校园物流方面进行创业的想法。创业之初，他为了掌握高校物流派件的运作模式获得一手资料，头顶烈日，带着团队成员冒着酷暑跑遍上海市56所高校、178个快递服务站，深入物流网的第一线，探究物流市场存在的问题。他利用社会学专业所学精准调研，绘制物流网点地图、设计访谈内容，历时两个月整理出10万字的调研报告，创建了"到了吗"物流信息共享平台，为后续创业积累了第一手的资料。从短短两个月的调研到确定目标专业，陆鹏做到了"行胜于言"——体重由200斤变成160斤。在产品落地前的那段关键时期，为抢占市场，陆鹏果断选择在上海大学某快递站点免费打工，为产品落地备足时间。溽暑难挨，蚊虫肆虐，苦不堪言的时光并未打消他的意志和决心。3个月后，"到了吗"SAAS企业系统正式上线，紧接着第一批用户开始正式将该系统投入使用，获得不错反响和好评。

陆鹏认为，做出一款好的产品，关键在于体现其差异性，而产品的差异性关键在于对派件末端过程中细节的把握，这就必须充分了解物流公司之下的各承包站点的细节。正是基于对细节的深入调研，他的"到了吗"在产品设计阶段便有了独特的模式——锁定高校物流的"最后一公里"。

"我们想通过建立一套模式，去切实解决送取件效率的问题。"通过产品提供的各种差异性功能，激励高校取件者帮助他人领取快件，达到"助人自助，赠人玫瑰，手留余香"的目标，这是"到了吗"产品的终极追求。"到了吗"模式也体现出三个方面的特色：其一，落实学生互帮互助的理念。在用户授权、物流平台认证的情况下，取件者可以帮助他人领取快递。二是，预约取件模式。物流公司发送"到了吗"取件信息，学生通过"到了吗"平台设置专门的取件绿色通道，在取件高峰期，通过绿色通道实现提前预约取件。三是，LBS定位取件模式。取件者了解附近区域内有哪些待取的快件，在双方互动授权的情况下，可以代领快件，可以使取件者出行线路优化。

陆鹏也简要分析了"到了吗"产品和其他同类产品的区别：在经营模

式方面，菜鸟驿站等平台通过"报酬"的方式建立双方代取行为，而"到了吗"则侧重共享经济、共享物流、共享信息；菜鸟驿站等平台依托阿里巴巴等大数据库，信息渠道相比"到了吗"产品更明确、信息获取速度更便捷快速，"到了吗"则通过和官方平台沟通合作，建立高校物流数据库。坚持共享物流，是高校物流创业者在大公司之间杀出一条血路的一种独特选择。

资金：穷学生的融资之路

创业维艰，本就是一个九败一胜、向死而生的过程。光有想法，空有抱负，是成不了大事的。在现实的商战里，没有人会空为一腔热血买单。资金，是让公司发展和"续命"的良方。产品在市场测试的过程中，问题不断暴露，测试过程仅5个月，陆鹏耗光了多方筹集的30万积蓄。

与我们心中预想的不同，陆鹏说，其实当下的创业融资环境并不乐观，许多投资人越来越不愿为学生创业团队和学生市场投资。根本原因在于，尚且没有人能做出一个很好的成果，近些年比较热门的"兼职猫""探路"等创业项目，其实也处于一个不温不火的状态。

为什么投资人这么不看好学生创业团队和学生市场呢？原因有三。

首先，学生创业者缺乏丰富的管理经验和坚定的创业信念，缺乏很多的资源背书，且往往不具备长远目标，缺乏把事情做成的背水一战的决心。学生生活的大环境是学校，而学校是一座象牙塔，能够赋予学生的只有知识而非实战经验；许多学生创业团队，是为了融资而融资，为了套现而套现，具有强烈的投机目的。这是投资人最不愿意看到的。

其次，校园项目存在一个巨大的问题：人员流动性较大。在一个学生创业团队中，学生会加入，也可能很快就离开。四年的大学时光是一个周期，很多学生创始人根本没有为项目的发展认真考虑四年后的走向，而缺乏战略性发展眼光，就无法做到可持续。

第三，学生群体属于低收入群体，学生消费市场的拓展也存在很大困难。虽然校园市场庞大，大约有3 000亿—4 000亿的份额，但这是整个校园市场的总量。要想得到学生们的青睐，将收入和利润寄托于学生，是一件极其有难度的事情。因此，投资人听到学生市场或是学生创业团队就自动退而远之，甚至不愿看一眼具体项目。

与一个合适投资方的合作，实际上是一个"寻找合眼缘"的过程。"上班路上堵、下班路上拦"、路演、私信，总之想方设法地去寻找和努力。"投资是帮助创业更好发展的机会，而不是目的。"他说道。

在"到了吗"团队融资的过程中，陆鹏认识了很多投资人，其中一位观望了整整五个月。在此期间内，投资人将团队的实际数据、项目前景、团队和创始人等各个方面都考察了个遍，最终决定为项目进行投资。陆鹏表示，物流共享在现在算是一个方向，但不是最热的风口，因此，他见过许许多多的投资人，但愿意投资的却寥寥无几。投资是一个十分理性，甚至在我们看来有些残酷的选择过程，它往往起到锦上添花的作用，却并不一定能为处于资金紧张状态的创业项目雪中送炭。

他曾机缘巧合受到过上海大学校报和宝山电视台的采访，有机会介绍自己的团队、产品和服务，这为未来遇见投资人建立了一定基础。"一个年轻人，拿着项目才有可能和中国最优秀的投资人认识，否则只能是一个螺丝钉。如果不是通过项目，我也没机会认识那么多投资人了。"他认为，参加一些官方组织的正式路演，通过有限的时间，把你的想法展现给投资人，可能会是最有效的，必须学会随机应变，积极寻找融资渠道。

"融资并不是最终目的，融资后的工作才是重点。"创业存在大量的风险，有可能在达到一定程度的时候，花费了好几十万，却没有做出很好的产品，如果在这个时候遇到了资金短缺，那无异于雪上加霜。当被问及如何处理这种困境时，他却无比坚定：卖房、借高利贷、降低工资……问题总有解决的办法。

在社会学院和上海大学党委研究生工作部、上海大学科技园等部门和老师的悉心指导和大力扶持下，"到了吗"团队多方筹集资金，跨过了资金短缺的难关。2016年3月，200万天使投资款到账；5月，"到了吗"团队深度调研上海71所高校物流站点，B端产品覆盖53个快递站点；6月，"到了吗"用户端在上海11所高校试推广，验证市场需求和商业模式；9月，实现Android & IOS APP、微信服务号、网页客户端全方位上线；11月该平台累计已为数千名大学生提供勤工助学机会；12月覆盖上海40余所高校，服务40多万大学生，与200多家物流方实现战略合作。2017年3月又喜获2 000万资金支持。2017年力争进入10个国内城市，覆盖上千万大学生群体，为数以万计的在校大学生提供勤工助学和实习兼职岗位。

竞赛：为了公司更长远的发展

在2015年10月，"到了吗"团队曾报名参加校级创业比赛。最开始，项目并不被老师们看好，他们仅作为替补团队。2016年3月，团队在质疑的目光中披荆斩棘,进入复赛并凭借项目优势和真诚的路演,打动了评委,获得投资人的一致认可,获得进入国赛的资格。2016年7月,又从128支国赛队伍中脱颖而出,一举获得全国第三名。"我们靠真诚也靠实力赢得比赛。"在斩获了"创青春"挑战杯国赛铜奖和全国大学生电子商务大赛挑战赛国赛特等奖等荣誉之后,陆鹏对团队的比赛获胜经历如是总结。

参赛的意义不在于评奖评优争夺荣誉,而在于扩大"到了吗"在校园中的影响力,同时获得投资圈的肯定、结识其他高校的优秀创业者并争取发展成团队合伙人。他认为,想要获得精明的投资人们的赞同,不带着一颗真诚的心去做事,很容易被打败。

创业兴趣爱好者与创业者是截然不同的,创业兴趣爱好者去参加创业比赛,是为了从竞赛中获得自我锻炼,未必真的成立一家公司。但实际的创业者必须是全身心地、百分之一万地投入到创业中去,一步步落实自己的想法。创业比赛对提升个人能力、风险把握、财务控制、人员管理、融到资金等方面有极大的帮助,但是对于你能不能成为一个成功的企业家却不是最重要的,最重要的是,如果你有好的想法,一定要尽快实施,因为好的想法很容易被有先见之明的投资者超越。"当你发现你很用功时,你会发现那些投资人,那些比你更优秀的人比你更努力!"通过一系列比赛,陆鹏也接触了许多投资人,看到那些辉煌人生的光环下不为人知的努力,这也时刻激励着他不断拼搏。

团队:以诚待人,人品最重要

创业中最大的困难的不是钱,而是人。核心团队的组建需要考虑许多因素:团队领导者是否具备一个优秀创业者的综合素质,是否具有带领团队向前的决心与勇气?团队的成员是否互补,能够有成员从不同的角度提出意见?是否有执行力强的成员将计划一一落实?

作为团队的灵魂人物,陆鹏认为一个人的人品好坏,跟其学习和工作能力是密切相关的。作为一名学术硕士,陆鹏2015年获得学院"优秀论文培优计划"资助以及费孝通田野调查资助;作为当代大学生,他参与学校研究生辩论赛,曾获"正言杯"研究生辩论赛最佳辩手称号;作为创业先锋,他利用契机展现自我,2016年获得中航工业杯"创青春"挑战杯创业实践赛国家级铜奖、第六届全国大学生电子商务大赛"创新、创意及创业"大赛国家级特等奖全国第三名等荣誉。公司成立之初,他每天最多睡5个小时,常常是夜不能寐、废寝忘食地投入日常的管理、市场开发中。即便如此,他也非常热心公益活动、积极参与各类创业分享讲座，挤出时间指导学弟学妹走上创业之路。在学校"创协"为研究生做创业和"挑战杯"经验分享，为管理学院和社会学院等院系做创业"挑战杯"经验分享等，为上海大学附属中学600余名的高中生做题为《创新创业成就梦想》的专题演讲，使得校内外千余名研究生、本科生和高中生感受他的创业激情和梦想。

"到了吗"核心团队的成员，大部分来自他认可的好兄弟。谈到团队成员关系，他认为在一个创业团队中，保证创始者的核心领导地位，其他成员则可以通过雇佣缔结关系。此时，团队会面临一个很现实的问题：雇员要生存，他们不会为创始人的理想和一腔热血而买单。在"到了吗"团队，核心成员通过节约自身开支、压缩工资等方式，为雇员的工资和生活提供保障，在艰难的日子里，他们心怀着对陆鹏的信任和对坚持的事情的价值的肯定，携手并进。"人的精力是有限的，但潜力无限，且行且珍惜吧。"或许正是这股无畏无惧和敢拼敢闯的真诚范儿，感动了核心团队的兄弟们，死心塌地地跟着他干。

"放眼世界，胸怀祖国，心系社会，志在富民"的社会学院院训激励着陆鹏，踏实践行"自强不息，先天下之忧而忧，后天下之乐而乐"的校训。"到了吗"平台服务高校包括复旦大学、同济大学、上海财经大学、上海大学等40余所高校。目前主要覆盖上海高校，已有东北市场、湖北市场、安徽市场，江苏市场正在开拓中，服务30余万用户。从0到1，陆鹏与团队成员一同克服了种种困难，步伐越来越稳健，我们也相信这位内心坚定且聪慧刻苦的创业者，必定会迎来一份似锦前程。

"到了吗"简洁大方的页面

别扔，修一修

刘 斌
上海刘夏网络科技有限公司
作者：刘斌

创业人物：刘斌，上海刘夏网络科技有限公司总经理、高级电工、全国注册安全工程师。2015年成立公司，2016年被评选为静安区创业领军人物。

我是一名80后，而且是一名非常传统的80后。

2007年从学校毕业后的我顺风顺水地利进入了一家国企单位从事设备维护管理的岗位。在几年的工作经历中让我学会了很多专业技能，也掌握了许多解决问题的方法。在接受国家应征入伍的号召后，我暂时离开了工作岗位入伍参军。两年的部队生活对我绝对是一个考验，在这期间，我变得耐心、坚毅、果敢，对生活有了新的认识，这也深深地影响着我之后的日子。在部队中我担任坦克驾驶、修理、牵引等重要岗位，从此以后让我对机械、电器维修产生了浓厚的兴趣，我也找到了那份我觉得属于自己并且可以为此付出一生的行业。

于是我的人生轨迹开始变化了。创业的想法在我脑海中生根发芽。了解自己真正的人生目标后，我放弃了原本待遇丰厚的国企工作，开始了我的创业之路。在项目选择上，我认为一定要选择自己擅长并且兴趣浓厚的，这样才会动力十足，于是我将自己创业项目定格在强弱电及电器维修维护。

由于我从事电器维修安装行业已有10年的工作经验，并且我利用工作空余时间参加了维修电工，电脑维修，黑白家电维修等上岗证培训，获得了"高级电工""全国安全工程师""弱电维修工程师"等一系列证书，不单是对我学习的肯定，也是为我未来做了很多的铺垫。当然理论结合实践也是相当重要的，我把所学的知识运用到实际维修中，提高自己的实战经验，久而久之也让我积累了一批稳定的客户。

在创办刘夏的初期，我们公司也是做了长期的准备工作。对员工的选择，我们也是精益求精。对新进员工进行了上岗证培训，技能训练考核，做到了持证上岗，安全作业的原则。也顺应互联网潮流，做了属于自己的网站平台维修接单等。

随着社会的进步，人们的生活品质有了很大的提高，所依赖的家电产品也越来越多，从液晶电视机、变频空调、苹果手机、咖啡机、进口的功放音响等，智能化电器已经完全融入了我们的生活。我们维修行业需求量是非常大的，而且现在市面上大部分的维修售后都存在是只换不修，维修费高昂。我们经常会听到客户说很多电器在维修的费用已经高于其自身的价值，但是弃之又觉得可惜；很多复古的功放音响电器等已经找不到售后维修；甚至现在很多客户在国外购买的电器损坏后都无法进行保修，有的甚至无处维修的问题等，包括企业的电器管理混乱，设备太多，无法找到之前采购设备的供应商，多样化电器报修维修程序烦琐等问题。为此我们也将这些问题归类总结，通过长期的彻夜研究技术，有时在图书馆大量的翻阅资料，甚至还专门为企业订制了电器维修档案和定期维修保养方案等一系列措施。同时我们也购买了多台专业维修设备，可以进行芯片级维修，液晶屏维修等，从源头去解决问题，从简单的换配件到芯片级维修，让客户感受到维修的真正意义。

2014年发展至今，我们公司已有6名正式员工。我们始终坚持传帮带精神，以老带新，持证上岗。我们公司从最开始的简单维修发展到如今家用类电器维修、企业工业类维修安装于一体的综合维修企业；从最开始的周边社区维修服务到现在多家大型公司签订综合化电器维修保养合同，这一路走来我们付出了无数的汗水和努力。无法忘记无数个日日夜夜我们工作在第一线的场景。无论刮风、下雨、高温，我们始终把客户的需求放在第一位，第一时间为客户解决问题。

电器维修行业一直是一个比较有争议行业，总有客户会觉得不相信、不理解，甚至觉得我们乱收费等现象。印象最深的一次，去客户那里维修打印复印一体机，用户报修的是打印机无法打印，按时上门经检查是打印机定影组件损坏，报价用户同意维修，更换后打印机正常打印。两个小时后客户打电话说打印机传真有问题，当时立即掉头回到用户那里，还没等我说话客户就先是劈头盖脸的一顿骂，说我打印机修坏了，明明修之前传真是可以使用的，还不断怀疑我是不是做了手脚。我没有说话，默默地开始找原因，最终发现用户家的电话线路巧遇电信区域检修，所以传真暂时无法使用。和客户耐心分析问题的原因，用户也连忙道歉。每当这时我总会告诉自己在成功的道路上一定要有一颗耐心、决心、耐得住寂寞的心。只要肯努力付出，真情真心地与客户沟通和解释,客户终会理解我们,用我们的技术征服客户,为我们的行业争光。

回想自己创业之路,我觉得我还是有很多需要改进的地方。我们会逐步完善维修平台、不断地学习最新的技术,帮助更多需要我们帮助的人。在去年的曹家渡创业园区"创业梦·创未来"年终分享会活动上,我们获得了创业园区颁发的健康成长奖。今后的路还很长,我们会努力坚持自我,不忘初心,满怀期待地面对未来!

"我们是互联网+，不只是律所"

黄俊源
上海九加信息科技有限公司
作者：黄俊源
　　　沈建梅（上海大学研究生创业俱乐部）

> **创业人物**：黄俊源，彩虹律师网（上海九加信息科技有限公司）董事长、总经理。2003年大学毕业先后在九汇投资（新中欧创投）、久游网、立好信房屋、戴德梁行等公司任职。2013年9月，入驻上海大学科技园睿创源孵化器，创立彩虹律师网，致力于让每家中小微企业都能拥有法务部、法律顾问，颠覆传统高大上的律师服务。2016年荣获静安区"创业明星企业奖"。

彩虹律师网（上海九加信息科技有限公司），起步于上海大学科技园，是目前上海地区企业级互联网法律领域，知名度最高的上海本地走出的企业法务平台，在上海地区中小微企业的服务覆盖率位居行业翘楚。

彩虹律师网的SaaS在线法务部，核心是为中小微企业以"互联网+法律"的模式提供早中期的法律服务支持，是互联网+企业级法务平台的第三代风向标，正快速受到中小微企业的广泛欢迎。

趟过2013年至2016年三年坎坷崎岖路后，2017年彩虹律师获得风投，并先后获得上海市静安区双创优秀企业称号和市科委2017创新资金的首次立项。

彩虹律师网是中小微企业的在线法务部，专门做一个企业级服务领域的细分市场，基于云端的在线法务服务，区别于一般律所，是做企业法务日常基础工作的。但从互联网的角度来说，它相当于一个上游级的入口。在2B企业级服务如日中天当下，我之所以选择互联网法律创业，因为这是一个巨大的蓝海市场。在欧美70%的企业都有法务部门或法律顾问，但在中国99%的企业没有法律顾问，95%的企业没有法务部。可是中美的中小企业基数都是一致的，美国3 000多万家，中国2 500万家！彩虹律师要做的这门生意，是一个2 500万企业基数、万亿级的2B蓝海市场。不仅仅偏向互联网+法律，更专注2B的企业服务领域。企业服务是未来一个最大的风口，而且互联网＋法律＋企业服务合起来又是一件正能量满满的事情，可以帮助企业规避法律风险，引导中小微企业更好的遵纪守法，在创造商业价值的同时也符合国家的企业法治战略，更得到了政府扶持。

创业有时候更像一种命中注定，命运使然。我的父亲就从事法律行业，从小受父亲熏陶，我对法律很感兴趣，在上海大学悉尼工商学院学习国际商务与金融专业时还双修法学院的法律课，这使得我具备很强的法律知识。2003 年从悉商毕业以后，我在一家投行工作，担任项目经理。两年后，选择进入那个属于上海的互联网时代，之后都在久游网参与运营 RPG 休闲类网络游戏，在这家游戏公司快要在日本上市的时候不幸遇到了商战而上市搁浅。之后加入戴德梁行担任资本市场业务高级 BD 经理一年，又遇上了 2008 年的金融风暴，只能感慨："没人去香港上市，整个资本市场停滞了，我失业了，是时代逼我创业。"

互联网是我的强项，法律是我的爱好，所以"互联网＋法律"这个事能做。有了想法就要组团，目前公司三个合伙人就是个非常互补的团队。我自己负责产品、运营和战略，另外一个创始人是朱殷，负责对外开拓市场；另一个联合创始人杨盛欢，负责专业法务部。

在 CEO 的定位上，我认为 CEO 就是公司的一号销售员，公司初创三年来，遵循的原则就是 CEO 不要躲在办公室，要到一线去，彩虹律师的产品总监也是创始人，只有充分适用市场的产品才会获得突破。从小老师就说我有两个加引号的优点：一是"No Face"，二是"盲目自信"。但是，创业必须如此，哪怕到了很困难的时候我都没想过失败。要做成一件事，就肯定要做细分市场，第一要有门槛，不是人人都能做的；第二如果做的话，要有颠覆性和革命性。

其实在创办彩虹律师之前，我有一次"半创业"的经历。2010 年之后赶上创业大潮，我做了一个最早的 O2O 房产的尝试，就像现在的链家一样，我当时是没有股份的，就是参与创业团队，担任运营总监，有一个期权，做了一年，整个线下体制都搭建完毕了，当时上海有 32 家加盟店，我是做互联网的，想要从互联网的角度去颠覆传统行业。但是线上部分，我的合伙人老板是传统实业家出身，随着项目一步步发展，我们在经营理念上产生了很大的分歧。2013 年，一个很偶然的机会，我发现中国企业的法律需求很旺盛，但是律师服务性价比跟不上，急需市场补充，于是我开始了创业之路。

白手起家的我回到了母校上海大学，来到位于静安区广中路的上海大学科技园，在科技园老师的鼓励和辅导下，经历内部路演和择优评选，2014 年 1

月正式成为入孵企业。就是在上大科技园学生创业基地，诞生了彩虹律师网。

创业当然不可能都是一帆风顺的，彩虹律师也曾遭遇过几近灭顶的危机。最困难的时候公司账上只有188块钱，那是2016年底，为了渡过难关，我和朱殷把个人所有的银行卡能提取的都提光，然后给员工发工资，年夜饭吃大餐，年终双薪照发。2016年初，彩虹律师通过免费试盘模式，合作了300多家企业，签约50多个园区，终于在这个市场上站住脚，开始盈利。并且获得了静安区政府的扶持和资助，成为2016年静安区优秀创业企业，并于2017年正式立项科技创新项目。到了2017年4月，敲定了第二轮资本融资800万，逐步走上了正轨。可以说，之前走过的所有崎岖路都好比是在跑道上滑行，接下来就要起飞了。

其实创业期间有很多辛酸，霓虹背后有血泪，高楼背后有阴影。可能很多人只看到了其中光鲜的部分，但现实是背后付出的代价很高，会因为要创业而辜负很多人，尤其是自己最亲最近的家人。以至于后来别人问我是否建议创业，我是反对的，因为建议不在没有准备和家人支持的情况下创业。

有人辞官回故里，有人星夜赴考场。创业是条不归路，选了无悔，未走的，请三思。

排排坐，听听

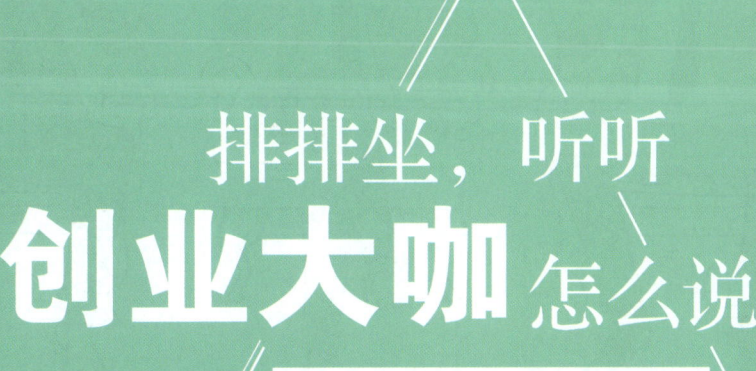

排排坐,听听创业大咖怎么说

活动篇

高手过招，别只吃瓜围观

世界那么大 一起去闯吧

由静安区政协林慧敏整理

活动简介： 2016年，在"世界那么大，一起去闯吧"区政协举行委员创新创业分享会上，来自上海前滩新兴产业研究中心的主任何万篷、上海琥崧智能科技股份有限公司的董事长李源林、上海寅嘉创业投资管理有限公司的总经理陈爱国分别带来了精彩的演讲。

"天分、勤奋、缘分、本分"

何万篷

上海前滩新兴产业研究中心

何万篷委员从"天分、勤奋、缘分、本分"的角度和一组数据"29%，2.9%和0.29%"开始他的分享。这组数据是什么意思呢？是对大学生创业的调查，29%大学生有创业的意向，付诸行动的只有2.9%，最终存活下来的只有0.29%。在这个数字背后实际上是四个率——意向率、创业率、存活率和成功率，何万篷希望新静安的这四个率能走在全国前列。他认为当今是创业的3.0阶段，属于乐活享受型创业时期，应当轻松创业，创造让人轻松的产业。创业者应有足够的激情，够疯狂、够偏执、够顽固、够坚持，到最多元、最丰富、最开放、最有变化的地方去。"哪里最有变化？"何万篷向观众抛出这个问题，"正是我们脚下这块土地，37.37平方公里的新静安"。何万篷认为新静安"一轴三带"的发展战略定位精准，南京西路沿线继续"高大上"的路线，苏州河沿岸是由南向北的缝合点，中环两翼是现代服务业的金腰带，新静安是三新叠合——时尚创新、金融创

新、科技创新,叠合在一起,未来的发展必定给力。临近尾声,大咖何赠予在场观众四句"金玉良言":一是"夜里想了千条路,早起依然卖豆腐",要努力成为那 2.9% 的人脚踏实地争取宝贵的"0.29%";二是"人不是教育出来的,人是教训出来的",不要害怕创新创业过程中的失败和挫折,淡定地跨过每一个遇到的"坑";三是有创业天分的人要更努力、更勤奋地抓住缘分,取得成功后,更要守住本分;四是创业者的每一天都不是 24 小时,而是 25 小时以上。

沉得越深　浮得越高

李源林

上海琥崧智能科技股份有限公司

创业大师李源林是一个不折不扣的创业者,他认为创业者要"沉得越深　浮得越高"。

他的创业之路是从四川北路的小平房开始的。第一次创业失败后,他回老家继续参加高考,连续两年的努力终于考上理想的大学。大三的时候心怀创业梦的他休学一年去创业。

大学毕业后,他将公司注册在静安,得到了很多好心人的帮助。总结多年创业经验,李源林认为"创业不是一个人的事情,而是一个团队,离不开一个团队共同来做一件事情"。与有梦想的人一起创业,一起沉下去,沉得越深,浮得越高。如何真正"沉"下去呢?李源林提出了两点意见:一是抵得住诱惑,"这个社会诱惑很多,要守住自己的底线";二是耐得住寂寞,创业是一个既艰辛又充满乐趣又有挑战的事情,要沉下心来,不受外界的干扰,按照既定目标去做事。"在创业这条道路上,坚持和努力比什么都重要。"获得了一定成绩后,切莫松懈,谨记"吃苦在先,享受在后",薪水不是标杆,重要的是所做之事能对社会产生价值。作为一个团队的领导或者一个公司的掌门人,做事时首先考虑他人,而后才是自己,正如《道德经》所言"万物作焉而不辞,生而不有,为而不恃,功成而弗居。夫唯弗居,是以不去",即使做出了成绩和贡献,也不要高高在上,因为功劳是大家的,唯有如此,"你的功劳才永不磨灭"。

独角兽、死亡谷、热血情怀

陈爱国

上海寅嘉创业投资管理有限公司

陈爱国委员有着双重身份,他既是创业者中的政协委员,又是团中央青年创业培训专家就业导师,他的发言"含金量"很高。陈爱国的观点较为独特,他提出了三个新颖的词汇——"独角兽""死亡谷"规律、热血情怀。陈爱国认为,作为一个投资人,应注重企业"能不能融到钱、能不能成为最优秀的企业、能不能成为传说中的'独角兽'"。何为"独角兽"?"就是你的企业能够在三五年的时间里,将市值做到十亿美金以上,可以称为独角兽,成为投资人追捧的对象。"2003年至2013年十年间,从美国硅谷创业的6万多家企业中,只筛选出29家"独角兽",可见评判之严苛,竞争之激烈,"独角兽"之金贵。而作为一个创业导师,从某种意义上更像是一个保姆或是保健医生,先帮忙检查问题,再针对问题找解决方案。每年在上百万家、上千万家的新增企业中有很多企业悄悄地退出了"历史的舞台",它为什么会退出来?即创业失败。这就是"死亡谷"规律的自然作用。何为"死亡谷"规律?就是从创业的第一天开始逐渐地"烧钱",一直"烧"到有营业收入,然后逐渐地成长,成为被投资人追捧的对象。随着时间的推移,你发现钱越来越少,时间越往后延伸,这时的曲线成为一个谷底。这个死亡谷在两年的时间里大概会"死"一半的企业,在剩下的两年里面还会"死"一半的企业,也就是在四到五年以后75%的企业基本不存在了。因而创业是非常高危险的行业,不是所有人都适合创业,创业前应掂量一下自己是否适合创业。拥有天分,具有赌性,加上热血,具备足够的执行力和百折不挠的精神,有坚定信念和理想情怀的创业者才能在艰苦的创业之路上走到最后,走向成功。所有的成功都是短暂的,创业者的成功来自不断的试错,争取试错成本的最低。

筑梦静安创未来　撸起袖子一起干

2017静安区政协委员创新创业专题分享会活动录音整理

活动简介： 由静安区政协主办，区人力资源和社会保障局承办，静安区政协委员、上海电视台新闻综合频道资深节目主持人陶淳担任主持的"筑梦静安创未来 撸起袖子一起干"2017静安区政协委员创新创业专题分享会。三位创业大咖分享"创新创业的那点事儿"，共话创业，对话未来，引爆现场气氛。

如何把创意变成生意

季宝红

上海望源创客空间管理有限公司

大咖简介： 季宝红，上海望源创客空间管理有限公司董事长。一个"打工仔"，上海房地产"排骨面指数"发明人，1995年末创办"望源房地产"，"买六楼送阁楼"的创始者，"望源错层"的发明者。有文化、有段子的企业家，新财富劳斯莱斯500富人榜第384名。

政协让我分享创业，从我个人的经历，我个人不是被教育出来的，是被教训出来的。最近好像对中国的教育有很多的评论，说有些中国教育是一张白纸进去，一张废纸出来，这个讲得很极端。但我觉得也可以把我们的经验和青年朋友交流一下。

人生有几个境界：一是吃一堑长一智。二是吃一堑不长一智，三是别人吃一堑我长一智。我把我的经验和大家分享一下，希望以后在人生道路可以走得更顺利一些。

人生，知识可以学习，经验是靠自己积累、

靠别人传授的。我们可以把我们创业过程当中的点点滴滴和大家分享一下。因为时间有限,我们也不能讲太多。就从1995年开始创业的过程,几个事例和大家交流一下。

一、1995年我注册了一家房地产营销公司,叫上海望源房地产营销策划有限公司。当时有一个营销案例比较小有名气。那时上海的房子六楼都是平顶,容易积水。我们就想出来"买六楼送阁楼",我们最早提出平改坡。第一个案例是上海宝山祁连新村,当时有一个楼盘造到4楼,我比较成功地说服了开发商,从北沿口上升60公分,再做一个坡顶,有一个老虎窗、三层角、露台。没有想到那4万多平方米房子卖得最快,6楼从最难卖的变成最畅销的房子。因此,我们公司也赚了第一桶金。

上海有很多景观道路两边的平改坡也有我们的影子。其实这也不是核心技术的创新,无非就是看到一个社会的房屋质量、居住痛点的时候,我们发现一个商业机会。

1998年,在老闸北区万荣路永和路有一些边角料的土地,当时的闸北不像现在环境这么优美,那时候经济比较落后。20亩土地,我们公司就拿下来,在"买六楼送阁楼"的基础上做了3+8的错层。一套户型三个层面,一层是客厅餐厅南北阳台卫生厨房,三个楼有卧室,八个楼梯是主卧室、书房和卫生。这样把上海石库门情节淋漓尽致地进行表现。从这个项目之后,我们又继续做了一些项目。通过错层,公司"错"出一番新天地。

今天我也想自我表扬一番。上海政法委颁布给我一个证书。是对监狱矫正人员的先进人员。我去给青浦监狱给犯人上课。当时我开场说,我是房地产开发商。监狱长一看我这么说,瞪眼了。心想你到监狱做什么广告?他们不知道我的玄机。我说我的公司是以建造错层房为特色的企业,我们秉承"一错再错,将错就错,一错到底"的理念,所以我们公司错出一番新天地。我说在座的各位犯过错,希望大家不要秉承我的思维,如果秉承我的思维是和国家的强大机器对抗,那么你们会输得更惨。你们要认真伏法改造,理性选择。监狱长拼命和我握手,后来他就写了一个简报,由于这件事还颁奖给我。通过我们的错层例子,通过对社会现象,对社会机会的敏锐观察,把它变成一种商业模式。这个商业模式也是我们团区委陈书记概括的,通过一种海派的居住文化,演绎成一种"无中生有"的商业模式。

二、现在我们概念满天飞,如何通过概念成为一种点土成金的方式?

今天我们到灵石公园,这是浦西最大的一块绿地。如果这块绿地再朝南推,这个地方肯定要比世纪公园还精彩,坐北朝南。土地是银,规划是金,如何通过规划点土成金？各位创业的年轻人也是如此。如何通过自己的路径设计，让自己的成功道路走得更顺畅？我给大家一个建议：选择一定比勤奋更重要。

再举两个例子。

（1）宝山那边有一个项目上大阳光，2002年我们公司和某置业公司合作的。前面还有一个小故事，1998年我是宝山区的政协委员，我想作为政协委员要认真履职，于是写了提案《上海大学入户宝山，给宝山经济带来契机的几点建议》，后来这个提案被评为"优秀提案"。我得到一个消息，他们说前期这里有150亩土地，当时大家对这里一点不看好。宝山大场立交桥以北，非常偏。当时才卖2 160元，我说你造，我给你钱，用望源错层房型。之后我们又想了广告语"上大阳光告诉你孟母三迁"的故事。我想大学在旁边，这个楼盘不会卖得很差。后来就通过"孟母三迁"的理念，又派生出一个楼盘。我可以大言不惭地讲，今天的知识杨浦也有我的创意影子。2001年我也在《新民晚报》写了一篇文章，叫《烟囱倒下去，笔杆子竖起来》，我说浓浓书香，成为杨浦最大卖点。所以从书香杨浦到知识杨浦，通过概念的提升来做项目。

（2）南端来看，大宁灵石公园旁边的望景苑，2000年前后，绿地还没有造的时候，这块土地也没有如今那么热。我觉得要造这么大的房子怎么会卖不动？后来我们就想了案名"绿带风光望景苑"，错层的房型，这个项目也做成了。现在还有1万多平方的商业，就在绿地旁边。绿地好了，我们这边也好，这树是摇钱树，我们的商铺价值也上去了。

这是我讲的第二方面，如何把概念化成点土成金的现实生产力。

三、现在的年轻人非常希望可以迅速成功，但是缺乏持之以恒的匠人精神。宝山，我用10年时间做了一个项目，罗森堡商务中心，是上海或者整个华东地区最大的一个清水混凝土建筑体，不加粉刷，把水泥的美感做得淋漓尽致。现在来看，我们熬出了一个非常大的价值。有些时候，我觉得一定要用匠人精神，要用一种执着、耐得住寂寞的精神。不要期待今天创业明天成功。所有的励志故事好像都是掐头去尾的。比尔·盖茨的成功，其实也是拼爹妈，他父母是IBM的董事，第一单是IBM给它的。巴菲特的成功，巴菲特的爸爸是国会议员，他8岁的时候，爸爸就带他去见过高盛的董事长了。所以，拼爹是全世界共同的事情，不需要奇怪。当然，最后还是要靠自己。

时间关系，我就给大家几点忠告。

（1）人最大的敌人是缺乏想象力，人最大的危害是缺乏行动力。

（2）希望各位切莫信奉一石多鸟，一段时间集中精力做好一件事。

（3）如果你要开发科技领域的方面，你要计算这个领域的市场容量。如果容量才1亿，你做到50%的份额才就是5 000万。

以法国一句谚语作为我的结束：机会第一次出现是金发女郎，机会第二次出现是秃子。希望大家以非常强烈的行动力，抓住金发女郎的头发，走向成功。

如何把想法变成办法

陆晓明

鸥美药妆集团

大咖简介: 陆晓明,欧美药妆集团总裁,有机家品牌创始人。抛弃招商局副局长位置,投身商海,1995年中欧国际工商管理学院首届EMBA,也是中国第一批EMBA学员,曾"亲密接触"欧莱雅和万宝龙等奢侈品牌多年,有机家Organic+品牌创始人,致力创建健康、绿色、有机生活庄园。

今天我讲的主题是《把想法变成办法》。我一直说,创业者就是要有"三心二意,一情人"的心态,在这个场合说要有这样的心态,我有点紧张,担心在座的领导批评我的演讲不够严肃。领导会批评说你对年轻人讲创业,怎么可以说三心二意呢?怎么能还讲一个情人呢?希望大家先别批评我,先听我讲完。

我在欧莱雅工作过、在万宝龙工作过,都是在跨国公司的机制下工作,维护跨国公司的价值。我虽然是这些跨国公司在中国区的"老大",好像官很大,其实没有什么意义,因为你仅仅是在维护跨国公司100多年的机制下的价值,你没有创造价值。对年轻人来说,应该有思想、要有心去做创造价值的事情,也就是创业。

做创造价值、做创意、做创业,首先我觉得这是一个追求小而美的过程。怎么讲?其实是一个定位。我知道在座很多年轻人,你们从大学校园走出,都有一颗年轻的心,有一颗积极向上,追求梦想的心。有的时候,梦想很大,但是创业需要你有心理准备,有一颗追求小而美的心。小而美是一个定位,比如说我自己的职业生涯,在欧莱雅、万宝龙这样的跨国企业。如果我创业,第一天就想要做500强企业,明天就要成为欧莱雅、明天成为中国的BAT,显然不现实。梦想也许很美好,但我觉得大家还是应该脚踏实地,从小做起,重新定位好自己。

那天我离开万宝龙,准备创业的时候,我告诉自己,我要重新定位,我再也不是跨国企业的CEO。我要从"小"做起,从第一步做起。这个过程很艰难但很重要,这是一个心理过程,是自己定位的过程。当我看完整个的行业时,首先我要告诉在座的年轻人,创业要选择自己喜欢的行业,自己多少熟悉、多少有些资源的行业,多少你还能看到这个行业有发展前景的行业。所以,从一开始这一定是一个小而美的市场,绝对不要被很多人忽悠,造一个巨大的梦想,创业第一天恨不得你就是比尔·盖茨、恨不得就是乔布斯。

我创业做了个有机化妆品品牌。如果我去做一个传统的化妆品,我不可能有能力和兰蔻、巴黎欧莱雅、雅诗兰黛等大牌直面竞争,但是我发现这个品类是今天人类追求的"更美好生活",我们要为子孙后代留下一个更环保更美好的未来,我们需要环保意识,有机健康的生活方式是我们的追求。从这个品类切入,首先我懂化妆品,我懂中国女性消费者。十多年来,当我卖欧莱雅染发膏给中国女性消费者时,我说我是在"卖色"。后来做欧莱雅、薇姿、理肤泉等护肤品,我说我是在"卖身"了。所有的经验到要创业时,我需要在大类里面找到一个不和大公司正面冲突的战场,这叫不对称战役。我们要做到避开大公司的正面战场。但是我又要在一个品类里面迅速切入,用我现有的经验、资源、知识、人脉。所以当时我就切了这么一个小而美的品类——有机护肤品。当然,它不只是小,而是我看到未来会有很大发展的趋势。

第一段,我想和大家分享,创业就是一个追求小而美的过程。但你不能只满足小而美,你要在这个小而美的品类里面,在这个市场里面,成为领先者。所以,首先大家要想清楚,把自己分析透。资源、市场,自己是谁,找到一个自己最熟悉、最喜欢且你有资源、有人脉,又有发展前景的行业。然后,做这个小而美行业的领头羊,做成TOP3。

我开篇说"三心二意一情人",这好像没有什么关系。我们先从小而美说起,创业者一定要有"三心",我不是让你们朝三暮四,每天改变自己的想法。当然年轻人创业过程中会有一些不同的时间段、不同的梦想,你会有新的想法,但是我说的三心二意不是让你每天改变,而是你决定做创业者的时候,必须要有三颗心:耐心、决心,还要有一颗耐得住寂寞的心。

(1)耐心,我们都知道,创业不是一蹴而就的事情,一定是时间很长,三年、五年乃至十年、二十年的事业。我做过的跨国公司,欧莱雅都已经110年以上了,万宝龙也有百年历史了。几年前一块手表上新,我请好莱坞男星尼古拉斯·凯奇做的代言广告,一块手表整整150多年的历史。一个成功的企业，肯定需要很长时间来沉淀、积淀。很多人讲"工匠主义精神"，这就源于历史、传承，源于一代、两代、三代人的智慧和匠艺。我在万宝龙工作的时候，刚入职第一个月，他们派我去汉堡、瑞士、巴黎等学每一个品类。汉堡学做万宝龙的笔，一周时间，第一天到工厂没有人招待我，工厂的车间主任是位德国女士，长得比较高大有力。她带我去领了一盘金条，当时她告诉我值100万欧元。签完字就拿了。然后在机器上冲成一片片，再到另外一个地方冲成笔尖，之后用锉刀搓，后用木片搓。这个车间主任第一天接待我的时候就很自豪地告诉我，她在这个工厂做了很多年，她是她们家族在万宝龙职位最高的（车间主任），到她是第四代。四代人一直在这个车间做工匠，她说的时候充满了自豪感。所以，创业者要有耐心，要有真正的耐心，你坚持一件事需要耐心。10年、20年或许真的不太长，不要信别人说你三年可以做成BAT，骗你的，骗完你就只能跳湖，刚才提到"背水一战"，大家千万不要跳到水里，毕竟背水一战不是好事。

（2）决心。如果你决定做创业者，决定的事情就要坚持做下去。一旦决定了，你的决心要够坚强。创业的过程中你会面对很多干扰，很多时候你会面临不一样的挑战，自己的决心非常重要。坚持就会有机会到达彼岸，到达成功。

（3）耐得住寂寞的心。学生时代你们都很优秀，可能在学校，是学生会主席、某俱乐部主席、某社团领导，每个人都很优秀。现在的年轻人在学校里面，除了读书，你们都懂得要培养自己的领导能力。没事找事干，陶淳说我爱折腾，年轻的时候折腾这个社团、那个社团，大家也都是领导力很强的年轻人，创业者一定需要领导力的。你们在学校有的是学生党员、有的是学生会干部，在同学和老师面前都是很风光的。一旦创业，你变成一个小小的企业，3、5个同事，兜儿里不到2万块钱。那时候你再也不风光了，别人看你也少了那份崇拜或者欣赏的眼神了。我相信现实是残酷的，社会大部分的时候是现实的，所以是残酷的。你要学会面对这么一个残酷的世界、现实的社会。你再也不是老师眼中的骄子、同学心目中的榜样了，而是创业大潮当中的一颗小小的棋子，往日的风光没有了、老师的赞扬也没有了、同学羡慕的眼光也没有了，你怎么办？你要有一颗准备好了接受这些残酷现实的寂寞的心。这个很重要，比如我当过局长、做过跨国企业中国区总裁、一把手，那个年代，后面追我的人有多少？不是说追我的女孩啊，你们不要误会，我是说追我的有报纸记者、有杂志编辑、有影视明星，还有政府官员。我某些时候有两个秘书，很多人排队，要等上几周甚至几个月才能和约上开个会或者吃个饭。记得有个著名百货公司的老总从北京飞来，为了见我，在我办公室门外候了两天。并不是我自以为是，故意不见人，而是因为工作的关系，真的忙，时间不够用。我创业之后呢？今天我要感谢领导请我来这里，已经很久没有人请我了，寂寞了，往日的风光不再有了。这个过程要经历，很重要，你们要学会调整自己，要自我归零，要有一个耐得住寂寞的心。

这是你需要准备有的"三心"，我们接下来讲"二意"。

（1）意志坚定。创业的过程中，你做好BP，哪怕做10年BP、20年的BP，但是最后我都没有照着走。当然，和VC、PE谈的时候，你的BP一定要写得漂亮，逻辑要非常通顺，目标要非常明确，盈利要非常及时，否则你拿不到钱，这很重要。意志坚强，是说你写完了漂亮的BP，拿到了很多投资，但是创业过程中，你一定会遇到很多的风险、很多前所未有的挑战，意志要坚定，不要一点点挫折、一点点小变化就随便的放弃。尤其是在一个团队里面，要有沟通、有意志、要团结、要拧成一股绳往前走，没有一件事会一帆风顺。创业过程当中的第一个"意"，就是要意志要坚定。

（2）意识领先。如果你没有领先的思考，如果你对经济、对行业、对社会发展，对你所处的创业行业，没有想得比别人更远、更多，你就别创业了。因为你创业也是死。别人10年前做过的事你还做，有什么意思？做一个比别人想得更远的事，意识要领先。

我做有机家的时候，这个行业还是领先的。我做有机化妆品进口的时候，中国FDA还没有标准。后来我和区里的领导谈，我们做标准，后来变成我们引领中国的企业。这件事还没有完成，很遗憾，我还想要继续去做。要领先，你要想得比别人多、比别人远，意识一定要领先。这第二个意就是意识领先。

（3）情人。人家都说创业辛苦，陆总怎么还谈风花雪月？还弄个情人？其实原文是英文，Lover，中文可以翻成爱人或者情人。但我不是说创业一定要男女搭配，三个男孩、三个女孩都可以创业，男女搭配也可以，一情人是指态度，是指对待消费者的态度。当我们创造一个行业，总是面对消费者的，你要把消费者当情人一样地对待，要时刻想着他们，时刻爱着他们，时刻要关心他们，要想他们没想的。只有把你的消费者当成你的情人时，我可以保证，你的创业服务链一定是最成功的，你的产品也一定会受到消费者和市场的欢迎。你的回头客，你的市场份额会越来越大，你的口碑会越来越好。所以，要把消费者、客户、当成情人，Lover。永远爱他们，时时刻刻想着他们，想着他们所没有想到的，给他们自己都没想到的。男孩子追女孩，她最开心是什么时候？一定是你给她一个惊喜，是一个开心的惊喜的时候。那时候女孩子最开心。消费者，你的市场也一样，一定要给它惊喜，给它没有期待的开心的惊喜，让他们觉得你永远爱他们。这样你的消费者会越来越多，你的市场会做得越来越大。甚至你可能在一个小市场里面做出大生意来。这个才是我说的"一情人"，是对待消费者的态度。所以，"三心二意一情人"，我们不是找情人，而是用对待爱人的态度对待市场、对待消费者。

一个创业家，千万不要心里想着为了金钱、为了地位和荣誉出来创业。我创业以后，领导们都不见我了。你们不是为金钱、地位、荣誉而创业，而是为了创造价值，为了人生有更精彩的宽度，为了自己的经历更丰满。

一句话，人生的意义在于创造价值。

如何把才气变成财富

马文胜

新湖期货有限公司

> **大咖简介**：马文胜，新湖期货有限公司董事长。6年基层交易员，摇身成为公司总裁，期货界领军人物，集理论和实战为一体的金融高手，曾获"2004年中国期货市场十大风云人物""2010年度期货杰出掌门人""2011年第一财经金融价值榜"等荣誉。

我们企业已经连续三年都来参加了这个活动。我的感受，一是产业的变化。今天来的企业，可能更多是高科技企业、金融行业的，更多是服务业的。二是人才的变化，素质高了。本身高素质的人需求也多，企业的需求也提高了，对专业素质人才的需求更高了。今天我想和大家交流的题目，是在中国大的经济转型环境下，确确实实自身要锻炼"才"，要找到"气"，找到平台，把我们的"才气"变成"财富"。

"才气"变成"财富"是两个层面，一是个人的角度要有才，有才能、有专业、有聚焦。我们在某个行业里面，如果你有一定的专业技能，很容易通过工作转变成自己的财富。这就是把"才"变成"财"，需要有专业、有技能。除了有"才"，还有"气"，也就是平台、环境。把我们的专业放到一个平台上，无论是自己创业做平台，还是有一个固有的平台，要把你的"才"结合"气"变成"富"，"富"就是要创造社会价值。所以我觉得财富是两个层面，一是自己的"财"和社会的"富"，这样我们的人生才会变得更有意义。

上海的金融机构非常多，人才竞争非常激烈，特别是高端人才。在新湖期货做了两年资管，跳到一家基金公司、私募或者银行的资管平台上，工资可能就翻倍。

在券商里面某个岗位跳到比较大型的私募公司，工资体系再翻倍。私募做得更好，到另外一家公司做合伙人，财富再翻倍。为什么？因为他有对行业的理解和专门的才能。

最近我们开展了衍生品期权做市商业务。做市商业务一般的员工起薪要开到年薪40万+，这只是起薪。如果你是普通的客服人员，可能是10万+。差距很大。如果你是做资管，管1亿资产的基金经理，每年可以给客户15%左右的年回报，年薪100到150万。金融机构内部各岗位，收入差距非常大。收入金字塔，塔尖的人有限。核心就是你要有才、有专业，而且是别人很难复制的专业。要把"才"转换成"财"。

我培养了几个国内衍生品市场比较出名的交易员，现在有的在做私募。其中一位，他的公司在国内有一定的名气。他的产品一般买不到，客户不达到一定的资金量水准他不卖给你，现在他管50多亿。2002年他到我们公司来的，来的时候，我感觉在公司里面，他非常刻苦、非常专一、非常坚韧。刚才陆总讲的"三心二意"，其实也是一种创业，在平台上创业。当时他承担三个责任：客户开发、农产品研究和写报告。2000年初，传真机不那么发达，要输入上百个客户电话，他外面调研回来写报告到晚上10点，让传真机晚上把报告发到每个客户那里，坚持不懈地天天做。随着他对市场理解的加深，他的交易技能就开始提升了。刚好赶上中国期货行业发生了非常大的变化，也就是私募的发展。这时候他从平台跳出来，开始做自己的公司，现在公司已经有70多人了。他每年平均回报大概可以到30%。50亿的客户资产，30%的回报，为客户创造15亿的价值。他们提成30%，公司可以拿到4.5亿。对于70人的公司来说，平均创造的价值非常大，这是一个很好的把"才"变成"财"的例子。

如何把"才"变成社会价值？光有"才"不够，还需要平台。有了平台之后，才能最大价值地把你的"才"发挥出来。首先要看你从事的行业在中国哪个城市发展得最好，这是一个大的平台。金融行业，我的理解必须要在上海。2011年公司迁到上海之后，我感觉做金融一定要在上海。不完全是上海定了要做"金融中心"，而是因为已经形成了金融中心的产业链，从要素市场到金融机构的组成，到人才市场都有。行业选好了，选工作的城市，再选择行业内的企业。企业应具有明确的发展目标和愿景，同时应专注与聚焦。

做企业，如何在专注的环境下，利用平台把价值最大化？我们最自豪的就是这两年做了"保险+期货"，为中国的"三农"服务。期货市场，大家一听是不是投机市场？是不是杠杆很高的市场？是不是有人暴富有人暴亏的市场？实际上不是，它有很好的社会价值。这两年我们做的这件事，已经写进了国务院一号文件。我们这个项目，在上海连续两年得到上海金融创新二等奖。中国的农民问题，实际上是中国很大的社会问题。中国农民的粮食，过去政府叫"保护价收购"。不管市场价格如何波动，这个价格跌破一定程度，政府出手收购，把粮食储存在库中。我们看到中国的玉米、小麦，大宗粮食堆满了库，财政不堪负担。就想通过供给侧改革，通过市场解决部分农产品的问题。我们就想，期货市场是否可以为中国的农业服务？我们的专业是做衍生品，如何把这个"才气"变成"财富"，为中国三农服务。前年我们和中国人保公司合作，人民保险开出"跌价险"，如果农产品价格跌了，保险公司赔给农民。保险公司赔的钱从哪里来？对冲风险的责任交给我们，期货公司到期货市场帮助保险公司对冲风险，我们利用期货市场复制一个看跌期权给保险公司，变成价格链的闭环。农民的保险费由国家贴补。过去国家要全款收购农民的粮食，现在不用了，由国家补贴保险。农民的粮食还是按照市场价格卖，卖低了，保险公司赔给农民。保险公司赔，是由我们复制看跌期权。谁承担了农民的风险？中国的期货市场。所以，这个创新我觉得确实是把"才气"变成了"财富"，应该说有社会价值。

另外，我想谈一下对创业的理解。创业分两个层面，一是平台创业，二是自己创业。自己创业非常难。大部分人应该选择平台创业。当你有"才"的时候，大部分人也应该选择在平台上创业，因为你还没有那个环境。除非你有"才"又有环境，就像私募公司那位老总，他已经有钱了，自有资产很大了，又有赚钱的能力，又有很多股东支持他。这时候，他从平台跳出来开始创业，一创业就聚集了70多人的业务团队，形成这个平台，自然而然就做起来了。而不是光说有点才能，没有任何资本和环境，那是不行的。大部分人还是要考虑在平台创业，而非自己创业。

如何才能有"才"？观点和前面两位老师讲得差不多，一是聚焦，二是坚持，这样才能有"才"。年轻人，一定要关注你本身的工作。在工作中形成自己的才能。工作是最好的实践。什么是理论联系实践？书本当中学到的东西，要想落地，一定要在工作当中坚持不懈实践。1993年我入期货行业，这么多年来没有转行，一直坚守在期货行业。记得当时在深圳入行的时候，在中国国际期货公司，3 000人应聘，录取了46人，我是其中一个。今天回过头来看，44位不在期货行业了。我觉得聚焦和坚持非常重要。

在深圳我还培养了一个在中国铝行业做贸易非常大的公司，也是这个公司的开创人。2001年到我们公司的时候，学历不高，但是他就是聚焦，不仅聚焦期货行业，而且只聚焦一个品种，就是电解铝。那时候中国的电解铝市场刚刚开始上产能、上规模。最后做到什么程度？他的一个报告在报纸上发表，成为电解铝行业从业人员必须要看的报告，他到相关铝企业，老总一定亲自接待他。之后他自己创业，做得非常好。如何才能有"才"？一定要专注、要坚持。

如何才能有"气"，选择很重要。"才气"的"气"形成，一定要选择好平台环境，选择很重要。选好行业、选好平台。

现在上海年轻人的流动性非常大，因为机会多。也说明这个城市确实好。我和我的员工讲，年轻人不要太看重短期的工资待遇，更要看重你的平台和发展。我一个好朋友的儿子，从美国学成归来之后，在公募基金做专户管理的经理，因为他在国企，工资待遇不那么高。后来这个公司老总跳出去要做私募，准备把他带出去。我朋友就和儿子讲，说你有什么本事在一家基金公司刚做两年就跳出去？你不能走。工资再高你都不能走，你就在这家公募基金好好做下去，至少做五年。五年之后他的成就是什么？他已经在公募平台管了500亿的资产。平台的选择比短期的利益更重要。

如何把"才气"变成"财富"？一是要有专业，二是要创新。专业是自己的，创新是在平台上的。自己要有能力，同时要选择好平台。

最后总结一下，我觉得年轻人做事业，不论是做自己的事业还是在平台上做事业，三个词：① 聚焦，不能今年做这个明年做那个，那个行业好我就跳槽。② 专业，成为行业专家。③ 有了聚焦和专业的基础上要有一个好的平台创新，成就自己。

煮一锅"腌 do 鲜"
品味"互联网+文创"

2017年"腌 do 鲜"互联网沙龙活动第八期录音整理

活动简介: 2017年3月19日,由静安区人力资源和社会保障局委托、复旦大学数字与移动治理实验室主办的一场以"互联网+文创"为主题的"腌 do 鲜"互联网沙龙活动,在静安区福民会馆中举办。活动上,骑鲸客创始人王霆、"足记"APP创始人杨柳,万犇影业创始人丁文,这三位跨界混搭的70后"咸肉"、80后"春笋"和90后"鲜肉",分别阐述了对"互联网+文创"的见解,为大家带来一场与众不同的"腌 do 鲜"互联网沙龙盛宴。

咸肉说:一个"骑鲸客"的创业体会

王 霆

骑鲸客创始人

导演分两种,一种一眼就能认出来的,那就是著名导演,像我这种需要登台自我介绍的,专门拍广告和宣传片的导演,我把自己叫非著名导演。如果再算上整个文化创意产业里面的非著名的设计师,创意人,这个数字有多少呢?大概全国占到八百万人,再算上整个中国1 629所艺术院校里面的学生,整个数字要将近一千万人。

为什么在2013年的时候创业?我发现随着移动互联网的发展,出现了一个机会,越来越多的品牌,开始跳过贸易公司,直接来找到我们这制作公司,另外一个,就是"大众创业、万众创新"的提出。大量的中小企业不断涌现,他们都需要为投资方,对市场去讲述自己的商业故事,用的方法,离不开一种视觉化的手段。所以我们就把这两者对接在一起,看一

个宣传片，了解一下我们的情况。

接下来我来说说，我们遇到的瓶颈。之前，反观我们整个行业，其实是一个让人又爱又恨的行业，爱的原因很简单，它非常有乐趣，恨的原因也很简单，很多的从业人员往往把自己内心的理想，凌驾在这个商业社会规则之上。爱恨交织多了，就产生了瓶颈，如何去破局呢？我们先来看看整个文创行业发展趋势。这是我自己整理的，我觉得大部分的文创企业，都离不开这三个阶段。

首先第一个阶段是创建期，一般它的创始人是行业里面的专家，专业人士，它由同事、同学或者夫妻共同创建，规模大概在五到八人。

第二个阶段，就会进入到成长期。到了成长期之后，规模可以上升到十到五十人，然后这个时候创业者和创始人是最辛苦的，他既是客户总监、制作总监，也是创意公司，财务一般由自己的老婆掌管，然后合伙人大家开始有明确的分工。

到了第三个阶段，就到了发展期。创始人已经成为这个行业里面的知名人士，员工达到一百人，但这个时候，他的合伙人很有可能开始出去创立新的企业。所以，如何去解决这个问题，我觉得我们要解决人的问题。

我们要管理的是一群很难管理的人，而文化创意产业最重要的生产资源就是人，怎么解决这些人，创意产业到了一定的规模，就变成一个智慧密集产业，这些人，他们有个性、有需求、有欲望，可能他们又不太接受别人的管理，又甚至很难进行自我管理。怎么去做到这一点，我们就在想，如何通过，当然我们有些时候，把所有的希望，都寄托在老板和公司身上，我们希望自己能够得到老板、客户和行业里面的认可。

我们觉得可以在保持自己专业水准的同时，能够保留自己的个性。老板为了让企业发展，也需要更多的员工，但是他更需要把这些员工有序地组织在一起，于是，就有了制度，可有了制度，就有了矛盾，如何解决这个问题，如何把管理制度变成有效的共同发展的游戏规则，让更多有理想、有能力的年轻人，可以转换角色，来创造自己的价值，如何能够把公司变成一个共同发展的平台，让更多的年轻人可以在这里实现自己的梦想，怎么去做，我们结合了一个游戏的方法，对自己的整个公司、组织架构进行了一个创造性的改变。

简单地说，它叫七级定岗制，我们公司叫骑鲸客，骑着鲸鱼的客人，也就是说最高级别的导演他是骑鲸鱼的，相当于你的坐骑和你的装备是不同的，最下面从实习生开始，是骑海星的。骑海星、骑鱼、骑章鱼、骑海龟、骑海豚、骑鲨鱼，最后，你就可以骑到鲸鱼了。这七个等级意味着什么？意味着你可以独立接的案值是不同的，同时你根据自己所在的等级，你相应的案值转化的经验值也不同。而这些经验值累积到一定的数量，你就可以继续往上升级。这个职升到骑鲸客的时候，你其实就可以转化为公司的合伙人。

这样一个游戏化的控制的方法，我们做了一下实验，反响比较好。可以快速地让大家认同我们这个新的企业的价值观，我们文化价值观叫作君子和而不同，哪一个和，哪一个不同，这是品牌和，个性不同；管理和，创作不同；财务和，分配不同；创业和，发展不同。大家都是在同一个创业平台上，但又是各自的工作室，这个回答前面的问题，作为一个初创企业，我们如何在一年里面拍七百个视频，主要用了分工协作的方式，既要分工，也要分钱，一个低成本、高质量的视觉化内容的交易平台，这个雏形就会初步建立，我们也同样是一个与互联网，连接企业和导演设计工作室的品牌。并且，我们努力地打造一个视觉化的生态链，为企业、为品牌，形成这么一个传播的形态渠道。

我们觉得在人力资源这一块，我们有一点点创新的内容。文艺一点的说法，叫作与其追逐一片白马，不如创造一片草原，让马群来找你。后来，白马多了，我们跟上戏学院，又成立了一个创业基地，也就是在旁边东海广场，在这里，很多的青年导演和戏剧学院的学子都可以加入我们，在这里喝喝咖啡，聊聊故事，甚至可以用我们的技术服务开始孵化他们一些创业的梦想。

我们认为，我们现在面临的新的瓶颈，应该是这个行业的瓶颈。我总结下来，有这么几个点，第一，我认为现在普遍的人才培养体系、文创行业的人才培养体系与他们的发展需求是不匹配的。第二，缺乏统一的行业标准。第三，缺乏与之相适应的创作空间。第四，因为文创是轻资产，缺乏这种金融方面的支持。

我觉得是不是可以从这几个方面，来进行一些探讨。首先，安排了一些适合文创行业的部门培训，有很多人不是作为专业，他想从事这个专业，给了他一些入门的基础培训。第二，给他研究，除了我们关注重创空间这种生产环节以外，我们甚至可以关注他们的生活空间，因为这些人的社交需求是非常强的。那今天，我作为咸肉，来参加"腌 do 鲜"，我觉得这个活动非常有创意。咸肉呢，应该是在整个这一道菜里面最痛苦的，他需要经过盐渍、暴晒、风干，但是痛苦之后，你就可以与春笋、鲜肉亲密化合，感受到这种春天的温暖。我觉得这种舌尖上的感觉，其实跟创业是很像的。

那创业到底教给我一个青年导演什么呢？我觉得他其实是让你学会了去

释放自己的能量，去集中地去解决一个又一个的瓶颈，然后用自己的实践，去检验那些你内心里面新奇大胆，甚至有些疯狂的想法。大概一千多年以前，有一个文创行业的从业人员，他叫李白，他给自己起了一个笔名叫骑鲸客，一千多年以后，我们聚在这里，在文化创意产业的这个海洋里面，骑鲸踏浪，伏波扬威，我们的征途必将是星辰大海。谢谢大家！

春笋说：一个女神的创业自白

杨　柳

"足记"APP创始人

今天给大家介绍的是我们团队做的产品，叫作足记——手足的足，记录的记。这两年，我们在这个产品上做了很多的更新和迭代。应该说其实一开始，大家看到的这样一种照片：用一种画符，再加黑边，配上中英文的字幕，一种像电影搭配的样子。这是大家对足记最初的印象。

我们团队最初只有七个半人，因为一个财务还是兼职的，这七个半人全部不从事互联网行业。大家就像朋友一样，集合在一起做了这么一件事情。我们都特别不专业，比如说我们的内容总编，他是一位化学博士后。我找到他纯粹是因为他对电影地理位置非常的着迷。2015年的一天，我们团队七个人出去看《星际穿越》，他就拍了我和我同事的照片，然后回来自己用电脑加了一行字母，他说"这是他们在地球上度过的最后一个夜晚"，我当时看到这一张照片的时候就觉得，这个就是我要的东西。

在整个创业过程当中，产品经理是在不断地自我修炼，同时不断地寻找用户的这种需求。张小龙曾经就讲，产品经理应该站在上面俯视众生，其实我觉得我们真正要做的是用户想要，但是他说不出口的那种需求。

我们很快把这种模式加到足记当中，确确实实，从身边的小伙伴开始到越来越多的摄影师、摄影论坛，从十八线明星一直到一线明星都开始用，像杨幂、何炅他们都在用。然后在微博上也传播开，越来越多的人都加入进来。在那个阶段，差不多两个礼拜时间，足记登上APP Store排行榜的榜首，基本上每天都有一百多万新用户进来，几千万人在使用。

很多人都说，作为一个专业创业者，做了这样一个产品，应该没有什么遗憾，说得好像我可以瞑目了一样。但当时内心是非常崩溃的。我们最早只有八人不到的团队，而且不是专门从事这种移动端的社交产品，所以当很多用户涌进来，就好像你有一根很细的水管，然后洪水涌进来导致水管天天在爆裂，一直没有办法给用户提供很好的服务。屋漏又逢连夜雨，我一直说中国的整个互联网和创业圈，有很多让人心寒的地方。后来突然发现一些成熟的图片工具，基本上都加了大片这种功能。一开始很心寒，觉得这些人都没有底线，我们国家对知识产权的著作权的保护速度根本跟不上现在创新的速度。但是后来我也认了，我也做一次行业标杆，所以我们也要自己不断地创新，不断地去挖掘用户新的需求。

在那个阶段，用户对我们的理解非常深，很多用户甚至给我们发红包，怕我们钱不够用，怕我们太窘迫等。有一个用户这样说："不是每一个人都有一颗文艺的心，但没有人会抗拒轻而易举获得的文艺表达。"说实在的，我一直觉得，拍照片本质上是为了记录生活和表达自我的这样一件事情。我们现在很多拍照片，本质上把我们的脸修成蛇精一样的功能，但是并没有做到真正把生活记录下来。

如果说在照片上赋予了更加丰富的信息量之后，这张照片就会完全不同，我们可以把照片记录成故事。左边是咖啡，用户在右边图上自己加了字幕，他说"你是猪吗？"后面用汉语拼音写了一句我不是。他的内心很丰富，你会发现这种丰富的信息含量把他自己的个性很鲜明地烘托出来，真正可以达到鲜明地、个性地展现他的社交目的，表达自我。

而我们在今年初也新上线了一键形成电影海报功能，这是我们和电影《八月》的一个合作。当时导演自己非常喜欢这种模式，只需要一键，关键我说的是一键，左边我拍了新闸路那边，乱七八糟，什么都没有。但是右边，确实就是通过一键，就发生了巨大的改变。我一直认为只要真正的分享平台存在，大家表达欲望就存在。我们满足大家创造出高效内容的需求，会始终存在。

我印象非常深刻，有一个用户把自己一张照片上面加了一行字幕，他说现在是晚上凌晨两点。我们在想，如果过一段时间，我们看到手机的相册里面有一张什么都没有，只是黑色的照片，我一定以为我拍坏掉了，我可能手指把我的镜头挡住了。但是我加了一行字，我就想起了当时是什么原因让自己的内心很孤独，是什么东西让我在那一刻愿意把他记录下来。我觉得我要做的是我们真正可以拍出内心戏的图片应用，而不只是我们修得很美。修得很美的工具已经有很多了，但是真正能拍出我们内心戏的实在太少了。

我原来学影视戏剧文学，但是毕业以后，我十年从事的都是通信行业，通信行业有一点像移动互联网的前身。我一直说，这么多年下来，其实当初喜欢的爱好，和我十多年来从事的工作殊途同归。所以足记的最初，其实想做的正是影视取景地。

我们可能就在下个月，会上线一个新的产品，叫作片场，就是给大家做电影旅行指南。让大家在出门的时候，不再只是知道有埃菲尔铁塔可以看，有这个桥、有那个钟，还可以看到很多熟悉的经典电影当中的场景，让出行更加有底蕴，更加值得回味。你们可以走过很多的街道，不是知名的街道，是一些不知名的街道，但是那些地方可能曾经拍过一些经典的电影，就会对你们有特别不一样的意义，并且有很温暖的感觉。

我记得《士兵突击》里面有一句话，里面说到你看这个人很傻，但是他把每一件事情，都当作救命稻草这样来做，有一天他就会发现，他抱着的已经是一棵参天大树。

我一直觉得，经历自己所有的经历，只要认真对待，去尊重你所有做的每一件事情，你可能什么东西都会失去，你的工作，你的各种财富，但是你自己所有经历的东西，你认真对待的东西，有一天都会变成你自己最没有办法褫夺的这样的一份核心的财富。

鲜肉说：一位从龙套逆袭到导演的筑梦者，如何支招创业？

丁 文
万犇影业创始人

在整个创业的过程当中，会遇到各种各样的一些瓶颈，不管是在项目上、公司上，还是整个以后的人生经历上，都会遇到很多问题。我2014年成立的公司，叫万和文化传媒，前身是我的导演工作室。我们拍了很多片子，2014年第二届类型短片创投季我的作品有幸入围了全国电影12强，也是因为这个契机，我跟电影频道产生了一些联系。

在他们的信任下，去年我完成了我自己电影处女作。这个电影的拍摄有很多艰辛的地方，因为作为我个人来说，第一，我没有背景，第二，什么都没有，那只有坚持自己最初的那个梦想。我一直认为我自己在做的事情，是整个人生道路上，我必须要坚持自己的东西。

《陌路》是我2014年那一会儿参加电影频道的电影短片，那个时候，跨越8个月的时间，从最初的剧本等待到整个的一个故事雏形，完成了我的毕业作品。这时我以为，我自己的道路会走得越来越顺。但是有的时候自己的期望值越高，会输得很惨。

这个作品拍完以后，并没有像往常一样很顺利，反而跌入到了谷底。因为当你做成一个作品的时候，除了自己会感到自信，观众们看到的也就是二十分钟的短片而已。现在当下的互联网市场，整个互联网的核心价值对做任何的作品都会有很多限制。

每一部成功的影片一定会有一些自由的东西，比如说《老九门》，是小说改的，还有明星大腕，整个场面耗费是非常大的。但是像我们这种创业者要做成一部片子，就像资本市场大家说的独角兽，很难。不管是题材上的选择，还是内容上的选择，都要抓住一个时机，如果这个时机错误，你可能会遇到各种问题。

2016年初我拿了大概几百万的天使轮投资，当时，我们大概有二十个短视频的内容，团队成员最多的时候有三十多个人。我们第一个视频我烧了一年的钱，在烧了这一年钱的过程当中，我会感觉到内容变现非常的困难。为什么困难？因为大家选择的内容很多，想做短视频的也很多。那怎么样才能够成为那个独角兽呢？依然还是要从内容出发，再一个需要平台给到你支持，还有营销。

互联网营销在当下这个一没钱，二没人脉的时期会遇到很多想不到的困难和瓶颈，那如何解决？首先，一定要给自己一个明确的定位，你这一家企业到底做什么。经过了整个创业的调整，有的时候我自己一个人也会反思，做内容也好，做自己产品的同时，你一定要有对自我的认识，你拿手上仅有的一点钱，你能做什么。

在去年我拍电影之前，我自己认识到自己公司一定要有个定位，那就是我还是要定位做电影。在整个调整过程当中，我把最初几十号人的团队，缩减到现在的十五个，主要以编剧为主。我们在选择时，会对各种市场做一个分析，当下电影市场需要什么样的内容，那么我们就做什么样的内容。但是，你做完这个内容的时候，还会遇到问题。题材出来之后，你面对的是观众会不会接受你这个题材，投资人会不会投你这个题材。所以在这一点上，我要解决的问题是什么呢？就是我从故事上还有题材上的多元化，不仅有爱情片，还有悬疑惊悚片，还有科幻动作片。

去年一年我总共孵化了十个原创的IP作品，今年也有几部影片的规划。但是还面临一个什么问题？当下资本市场对文化企业的冲击非常大。因为前几年的时候在资本市场文化企业特别火，争相投影视公司，但是很多公司在A轮、B轮以后面临倒闭。像我们这种企业，也是在这种边缘上挣扎和徘徊，需要一个爆款产品出来。我们在融第二轮的时候，也遇到了很多的困难，因为从资本角度，要看你够不够迎合市场，到底你这个团队能不能拍出东西。

创业是未知的。我为什么要创业，是因为我自己那一份执着的理想，我一定要做成我自己想要做的东西。整个互联网市场，会有很多意想不到的东西出现，在自我反省的时候，会得到意想不到的收获。生活是公平的，如果你要坚持自己的梦想，你一定会有意想不到的经历。

导师篇

高士点拨，完美避坑手册

摆渡人

邓朝义
上海市创业指导专家志愿团

导师简介： 邓朝义，上海控创信息技术股份有限公司董事长兼总经理。硕士学位，九三学社社员、上海市静安区政协委员、上海市信息化企业家协会会员、上海现代服务业联合会互联网＋科创专委会会员、上海市工商业联合会会员、上海市江西商会理事，荣获"上海市青年五四奖章"。公司于2016年3月在全国中小企业股份转让系统正式挂牌。

非创不可　创业我有料　你有梦想吗

　　每当我想起自己创业经历的时候，脑海中总萦绕着这样的想法：人有两种生活方式，第一种是像草一样活着，你尽管活着，每年还在成长，可你毕竟是一根草，虽然你每天都吸收着雨露阳光，但你还是长不大，因为人们可以踩踏你，但是人们不会因为你受的痛苦而产生痛苦，人们也不会因为你被踩了，而来怜悯你。因为人们本身就没有看到你；第二种是像树一样成长，即使我们现在什么都不是，但是只要你有树的种子，即使被人踩到泥土中，你依然能够吸收泥土的养分，自己成长起来，当你长成参天大树以后，人们即使在遥远的地方也能看到你，走近你，你能给人一片绿色，活着是美丽的风景，死了依然是栋梁之材，活着死了都有用，这就是我的做人和成长的标准。

　　每一条河流都有自己不同的生命曲线，但是每条河流都有自己的梦想，那就是奔向大海。我们的生命，有的时候会是泥沙，你可能慢慢地就会像泥沙一样沉淀下去，一旦你沉淀下去，也许你不用再为了前进而努力，但是你却永远见不到阳光。所以，不管你现在的生命是什么样，一定要有水的精神，像水一样不断的积蓄自己的力量，不断的冲破障碍，当你发现时机不到的时候，把自己的厚度积累起来，当有一天时机来临的时候，你就能奔腾入海，成就自己的生命。

　　2011年10月，我组织了5个志同道合的朋友自筹300万元启动资金，在上海大学科技园创办了上海控创信息技术有限公司，结合自身及创业团队的专业知识，决定公司主要研发方向是基于无线网络传输视频，开发我们自己独特的压缩算法和无线传输优化技术，为各行业应用提供系统解决方案。

公司成立后，为了让开发的项目能尽快投入市场，公司陆续增加了10个研发人员，这样就有了一个十几人的研发团队，研发的过程是艰难的，公司经营一年下来共投入了200多万元研发费，但研发的产品投入市场还需要一段时间，在公司资金非常困难的情况下，有幸联系了静安区创业指导中心各位老师对我司创业的指导和建议，2013年获得了"创业驿站给力计划"的支持，还获得市科委的创新基金及张江高科的专项资金补贴，解决了我司短期资金困难，后续研发又继续投了半年，公司新产品终于在2013年底正式投放市场，经过上海大学科技园两年的孵化后，于2013年底公司孵化毕业，同时，公司取得了控创可视化应用的高新技术成果转化项目，并于2013年取得上海市高新技术企业。为了聚焦公司行业资源，公司决定主营轨道交通行业信息化，开发了轨道交通智能巡检机器人、地铁移动巡检系统、电务综合管理系统、地铁应急移动视频指挥系统、地铁机房设备监测系统、地铁接触网可视化接地系统、轨道交通车号自动识别系统、LTE车地无线网络系统、乘客信息系统、综合监控系统等，公司经过4年多的发展，目前取得了发明专利6个，实用新型专利8个，软件著作权32个。公司于2016年3月正式在全国中小企业股份转让系统挂牌，从此，公司正式跨入了资本市场。

我的创业经历是成功的，2016年有幸成为上海市创业指导专家志愿者，对以往的创业经验有了自己的心得和体会。

一、创业要有足够的资源。很多人在初次创业的时候，都是资源十分欠缺的。资源不足，使企业创业成功的概率降低，但要有完全充分的资源也是不可能的。在资源具备上，一般来说，要符合两种条件：一是要有进入一个行业的起码的资源，另一方面是具备差异性资源。如果任何条件均不具备，创业成功的可能性很小。

创业资源条件主要包括以下几个方面。

1. 业务资源：赚钱的模式是什么
2. 客户资源：谁来购买
3. 技术资源：凭什么赢取客户的信赖
4. 经营管理资源：经营能力如何
5. 财务资源：是否有足够的启动资金
6. 行业经验资源：对该行业资讯与常识的积累
7. 行业准入条件：某些行业受到一些政策保护与限制，需要准入资格条件
8. 人力资源条件：是否有合适的专业人才

以上资源创业者也不需要100%的具备，但至少应具备其中一些重要

条件，其他条件可以通过市场化方式来获取。创业者如有足够的财力资源，其他资源欠缺也可以弥补。如果有足够的客户资源，其他资源的欠缺也容易改变。

创业具备的条件是：足够的资本、行业经验、客户资源、技术创新、商业运作能力、与即将面对的竞争对手相比是否有明显的优势。

二、创业前要慎思。创业前要认真思考、反复评估、考虑成熟再行动。除了要足够的资源准备外，心理准备最重要。以下几个方面问题，值得好好思考。

第一，我为什么要创业？是否有足够的决心？愿意承担风险吗？过去的利益是否舍得放弃？

第二，我是否具备创业者应有的能力与素质？是否能承受挫折？是否具有综合全面的素质，还是有专项技术特长？

第三，我创业成功的核心资源优势是什么？我具备的条件是：足够的资本？行业经验？客户资源？技术创新？商业运作能力？与即将面对的竞争对手相比有明显的优势？

第四，是否有足够的耐心与耐力度过创业期的消耗，估计通过多长时间走过创业瓶颈阶段，自己有多长时间的准备。

第五，创业最大的风险是什么，最坏的结果是什么，我是否能承受？不要只想到乐观的一方面，对风险一定要有充分的心理准备，否则，一碰到现实状况与想象不一样，一下会造成信心动摇。

回答清楚以上问题之后，再决定是否创业不迟。很多创业者的失败，都是与创业前心理准备不够，匆匆忙忙进行创业，最后失败得一塌糊涂，假如准备不足，条件不具备，晚一点创业也不迟。

三、先有业务，再创业。进入该行业为别人打工，通过打工的经历来积累经验与资源。那么学费自然由别的老板给你付了。很多人创业是迫于生存的压力，希望赚多点钱，过上较好的生活。因此，在创业之初，是无所谓事业的，创业选择极具盲目性，为创业而创业，在刚开始创之前，进入什么行业，以什么为盈利模式，都是一片茫然。很多创业者，先将公司注册好了，再考虑业务范畴。

四、经营能力最重要。经营赚钱的能力是最重要的，只要有非常出色的经营能力，自然会找到投资者，很多投资家天天都在找好项目投资。很多年轻人在创业时，过多强调资金因素影响力，其实不然，创业条件中资金虽然很重要，但最最重要的是创业者个人的经营能力，特别是业务能力。如果资金是根本因素，那好，我给你投资1 000万，你经营什么，你有什么可以确保赚钱吗？我想，很多人恐怕都无法保证，也不知道投资干什么，所以资金因素不是唯一的。

在创业初期，创业者个人的能力非常重要，事无巨细，都要自己亲自动手，创业不是一件很轻松的事情。在创业者的个人能力中业务能力，开发客户能力，综合应变能力十分重要。创业者其实很多时候就是一个业务经理，能够拿到订单什么都好办了。很多创业成功者，都是做业务出身。有了客户，有了订单，自然的事情都变得容易了。

对于有志创业者而言，不断打造好自己的经营能力是至关重要的。从学做业务开始，是一个好办法，当能力有了，创业机会自然很多，特别是今天，进入靠能力赚钱的时代，经营能力更是重中之重。

五、内部创业更容易。在创业者中，有几种成功的类型，自己从零开始独立创业成功者，有技术与他人合作成功者，在企业内部创业成功者。我认为第三种创业方式最容易成功。

一个创业者比较好的选择就是有计划与策略地进入一家成功公司，先取得老板的信任，再找准机会，建议老板从公司发展角度投资新项目，这样创业的机会就有了，作为项目的提出者，自然会被老板赋予重任。很多企业都会有发展新项目的需要，如果冒昧地找人投资，合作机会不会太多，关键是一个信任感的问题，萍水相逢，人家为什么要信任？国内企业管理控制乏力，企业用人时，对忠诚度的在意，甚至超过对能力的重视。

从企业内部创业，有很多有利条件：雄厚资本实力的支持、管理的指导、综合资源的共享、业务资源的利用、品牌形象借助等，如果创业公司的业务与母体公司的业务有延续性，或关联性，创业起来更容易成功。

希望我的创业心得和体会能给创业者带来一定的帮助，为创业者提供一点理论和实践的支持，也为推进"大众创业、万众创新"贡献自己的绵薄之力。

孤 舟

王 越
上海市创业指导专家志愿团

导师简介：王越，上海简越信息科技有限公司副总经理。2012年加入上海市创业指导专家志愿团。

在被邀约写这篇文章时，实在感到不配。创业十五个年头，既不家财万贯，又不声名远播，何来干货分享给大家？但当知晓主题是"创业中的失败"时，我倒觉得自己有一肚子故事可以拿来和大家倒倒苦水，这便欣然答应了。

我有一个老哥，年轻时在深圳创业，人称老汤，我们这些晚辈则尊称汤总。汤总有一辆宝马7，是他在2000年初购置的，恐怕是现在全国仅剩下不多的白底黑字个性化车牌了。这辆车的车牌号码是粤B-×××168，那个×××就是他的名字，以至于我在上海开他的车时，一周要被交警拦下来3次。除了喜欢车，他还酷爱帆船，经常驾驶自己的帆船出海比赛。他是个做实业的企业家，除了在深圳有一家公司，在河南还开了个工厂。汤总有个好兄弟老许，家底没有汤总大，当汤总买车、买船、买工厂的时候，老许好不容易才凑足了仅相当于汤总那辆宝马7的钱，在深圳买了6套房子……后面的故事，大家应该猜得到结局了。每每和汤总聊到这陈年往事，都能感到他心中的那股愤愤不平和不服气。是的，一个创业者，就像是一个船长，一边咽下苦涩的汗水，一边却享受着海浪冲击船体时那忽高忽低摇摆不定的快感。

前两年，汤总把工厂给关了，把船给卖了。唯一留着的，是那辆有着自己名字的车。汤总关厂和老许买房的故事，让我想到了老罗今年在跨年演讲的时候，讲过的一个故事，他说："有一家上市企业，因为负债太高，所以董事长把一套北京的学区房给卖了，结果把这家上市公司给救活了。"这个故事虽然听起来像是个笑话，但在一个创业者的耳中，却像一把刀深深地刺痛着我们。

吴晓波是我很敬重的一位作家。他有一部作品叫《大败局》，描述了中国改革开放以来，多家超级大公司失败的故事。作为一个财经记者出身的吴晓波先生，拥有那种寻根问底的超凡能力，从另外一个视角为我们分析了这些企业失败的真正原因。前几年，我去西安出差，很巧在电视中看到他在演讲。他正在分享一个让大学生如何寻找自己满意工作的方法，他说："如果你想找到一份好工作，你先画4个部分重叠的圆圈。然后在第一个圆圈里写上'我喜欢的工作'，第二个圆圈写上'我擅长的工作'，第三个圆圈写上'这个社会所需要的工作'，第四个圆圈写上'这个世界会为此买单的工作'。当你的工作在4个圆圈交汇的中心时，那恭喜你！你找到了最适合自己的工作。"创业者又何尝不是在找寻自己的圆圈呢？我们每一个个体都有着不同的家庭背景、资源、教育、社交圈、喜好和性格。那些曾经的成功经验，在不同的时代，遇到不同的我们，能走出同样一条路的概率有多大呢？相反，那些前人失败的经验教训，才是我们真正的宝藏。创业者是一群不停跟随英雄，期望有朝一日也能成为英雄，但大部分最终成为狗熊的群体。因为大部分人不知道一个道理：成功经验无法复制，失败教训才是捷径。

两年前，我曾同意将公司股权卖给一家上市企业，这被我当时视之为伟大跨越的交易，今日却成为我又一大可以拿来分享的失败经历。曾经读到过这样一篇文章，如此总结亿万富翁：亿万富翁分成两种，一种是好亿万富翁，另一种则称为坏亿万富翁。好亿万富翁会设法通过自己的生意，让更多的人得益。他们往往会通过生产更好的产品和服务，加速社会的发展。而坏亿万富翁，则更多会利用获取资源和权力换取金钱。不巧，我遇到了一个坏亿万富翁。虽说这笔交易并非我来主导，但回想起来，心中的贪念仍然将自己的理性视线遮掩，至少我并没有反对这场交易，当木已成舟时才后悔不已。所以，和初创业时最重要的关键因素之一找个好伙伴一样，下次如果你有机会被收购的时候，要找个好亿万富翁。或者，把自己变成一个好亿万富翁！

稻盛和夫先生提出过他的人生方程式：工作的结果＝思维方式×热情×能力。我摘录下文与大家共勉：

"如何才能使人生过得更美好，收获更幸福的果实，我用下面的方程式进行回答：

人生・工作的结果＝思维方式×热情×能力

总之，人生或工作的结果是由这三个要素用'乘法'算出的乘积，绝不是'加法'。

首先，所谓能力，也可以换句话说，是指才能、智力，更多是指先天方面的资质。健康的体魄、运动神经应该属于这一类。所谓热情，是指从事本职工作的激情或努力的态度，是可以根据自己意愿进行控制的后天方面的因素。这两个因素都可以分别用零分至一百分表示。

因为是乘法,所以即使是有能力而缺乏热情也不会有好结果。相反,自知没有能力而以燃烧的激情对待人生和工作,最终将比拥有先天资质者的结果好得多。

此外,还有'思维方式'的问题。这是三要素中最重要的要素,因此说'思维方式决定人生'也并不过分。思维方式这个词好像很陌生,其实它是精神应有的状态或对待人生的态度,也包括前文提到的哲学、理念或者思想等。

思维方式之所以重要,是因为它有负数。它不只是零,还有低于零的负数。它的范围很宽,从正100分至负100分。

就像刚才所说的那样,有能力,有热情,但是思维方式却犯了方向性的错误,仅此一点就会得到相反的结果。思维方式是负数则用乘法算出的结果只能是负数。"

我想将他的方程式因着我们这个时代和环境,再作一些修改:在当代中国,工作的结果 = 思维方式 × 热情 × 能力 × 低调。如果你还不明白其中的道理,可以再读一遍吴晓波先生的《大败局》。

汤总已经退休了,但依旧活跃于他的投资圈。创业者,永不止步!

守住创业底线

和法礼
上海市创业指导专家志愿团

导师简介：和法礼，上海欧森律师事务所首席高级合伙人。执业三十多年，在民商法、行政法、合同法和公司法等领域有着深厚的法律功底和丰富的实践经验，曾为上海市律师协会经济法、公司法研究会委员，被上海交通大学法学院聘为法律硕士兼职导师，历任上海市创业指导专家志愿团副理事长、上海市财政局政府采购评审专家，被上海市老年基金会聘为"法律服务志愿团"成员。

屈指算来，我参加上海市创业指导专家志愿团（下称"志愿团"）已经跨进第 18 个年头了。感叹之余，提笔书就本文，与各位有志创业、扶助创业的朋友们分享。

（一）

2000 年 5 月，面对经济结构调整、企业改制、职工大量下岗的严峻形势，上海市委、市政府大力推动实施"4050 工程"，鼓励、支持下岗人员自主创业。届时，由市委宣传部、上海市人力资源和社会保障局（原市劳动局）与市文明办联合发起组建了志愿团。我参与了志愿团前期筹建工作，并加入了志愿团。

志愿团设立伊始，邀请、招聘了不少法律、法学方面的专家。我就是以执业律师的身份参加志愿团的。目前，在我们志愿团 600 多名专家中具有执业律师资格的法律专家就有 50 名，其中不乏律师事务所的主任、副主任、合伙人等资深律师，他们有的还担任了各个区志愿分团的团长、副团长，不仅成为志愿团的中坚和骨干，也成了创业者的良师益友。

多年来，我们法律专家和其他各类专家一起，牢记为创业者保驾护航的神圣使命，秉持"创新求实、指导创业、无私奉献、服务社会"的宗旨，积极参与志愿团的创业扶助活动，运用自己的法律专业知识和特长，为创业者指点迷津，提供了大量富有成效的创业指导扶助服务。我们从开始"大呼隆"面上的集中咨询服务，逐步转变为面向社区、园区、校区和营区"四个面向"下移服务、深入基层的方法，受到创业者的欢迎。在党和国家"大众创业、万众创新"的感召下，在创业和扶助创业的新形势下，志愿团和我们的法律专家都特别关注青年创业者的特性和需求，不断创新服务模式，拓宽服务渠道，相继成立了"文化创意""互联网""生态农业"等具有专业特色的导师营，力求使我们的创业指导扶助更加精准，逐步提高我们创业指导扶助服务的能级。目前，我们的创业指导扶助服务已经向创建创业型城区及创建上海科创中心的新的高度发展。

志愿团的创业指导服务受到了社会各界的高度肯定，被誉为是"一支社会上最有影响、专业性最强、工作水平最高、发挥作用最显著的志愿者队伍"。

（二）

李克强总理在 2015 年 5 月 7 日上午视察中关村创业大街时，面对创业者们说："你们都在创业，但是不要忽略法律风险，要是你们没有请律师，出现法律问题可不要赖我没告诉你！律师还能教你们怎么利用资本市场快速发展！"总理的话，不仅充分肯定了律师为创业者、创业企业提供法律服务的重要作用，也告诫所有的创业者和创业企业，重视依靠律师的法律专业服务，为自己的创业保驾护航，确保创业合法、规范，规避法律风险。这方面，我们的创业者和为创业者提供志愿服务的专家们都有深刻的体会。

回顾我在静安区志愿分团为创业志愿服务的情况，根据分团办公室的安排，多年来为创业者提供了形式多样的指导服务。其中，有面对面的咨询，有参加不同类型专家组成的会诊，也有与创业者一帮一地结对辅导，比较多的是为创业者做法律讲座。在这些不同形式的服务中，我所接触到的创业者，有的成功创业，创业企业的经营步入良性发展的轨道；有的却是内外交困，步履艰难，无法成功创业；还有的不仅创业不成，甚至还官司缠身。究其原因，除了各种外因以外，创业者本人的法律意识和依法办事的能力是一个重要的原因。实践告诉我们，创业者和创业企业在创业前、创业中，以及创业后都必须重视运用法律武器，包括请律师来为自己的创业提供服务，规避法律风险，争取创业成功。

创业者在意向创业及创业伊始，就面临一个如何确定创业形式的问题。随着涉及市场经营主体法律法规的不断完善，政府对市场监管方式的改变，市场准入越来越便利，随之而来的问题是，怎样选择适合自己的经营主体形式及经营模式？针对个体工商户、个人独资、合伙、公司等不同的经营主体形式，作为创业者要知道它们不同的法律特征和责任承担，以此来确定自己的创业经营主体形式。一般而言，公司是现代企业的基本组织形式，公司制度相对其他的经营主体形式更为完善、成熟，创业者往往都会选择设立公司这种经营主体形式。但在公司的权力机构、组织架构、议事规则、经营决策等方面，如何通过章程来明确规范，定下规矩，避免日后的麻烦，这就很有必要请律师进行指导。我曾经遇到过一个创业者，他与朋友两个人各投资30万元，设立了一家文化艺术公司，他任董事长，他的朋友任总经理，公司章程规定重大经营决策由股东会表决决定。公司设立没有多久，他们两个人在经营理念方面发生冲突，协商不成后，只能由股东会表决决定。但是由于他们两个各占公司50%股权，而章程对股东会表决只是原则性规定，在表决时两个人还是各持己见，表决无法达成一致意见，遇到了决策僵局、经营僵局，最后他们两个闹得不欢而散，创业受挫。

不少创业者在企业设立后依法经营的认识不足，我在服务中，特别强调企业设立后要注意建立并完善各项规章制度，这是很多创业者遇到的与创业相关的法律问题之一。企业的规章制度要依据国家的法律法规，结合企业章程和企业的实际情况订立，包括劳动人事管理、生产经营管理、合同管理和财务管理等一系列制度。这些制度不仅要规范企业内部各个部门、高管与企业、员工与企业，以及他们相互之间人、财、物、责、权、利等各种关系，还要对企业与外部不同主体的不同法律关系予以规范。企业的规章制度，既要在制定的程序上合法，还要在内容上合法合规。这样的规章制度，可以使企业运作规范、平稳、高效，并能做到防患于未然。

我在为创业者提供志愿服务时，还会告诉他们：要重视处理好企业的劳动关系，否则，劳资纠纷不断，就会造成经济损失和对企业的负面影响。例如，为了节省劳动成本，不按规定签订书面的劳动合同；不缴或少缴社保；擅自解除劳动合同等。这些问题一旦被查，未缴纳社保的要补交，未签订书面劳动合同的要支付双倍工资，违反劳动合同的约定、违法用工，还要支付经济补偿金、经济赔偿金，甚至受到劳动行政部门的行政处罚。这样的企业怎么能正常经营呢？有一个创业者，他听了我的讲课，觉得很有道理，回到单位后就抓紧为新入职的员工办理社保手续，缴纳了社保金。想不到没过多久，其中一个员工突发大出血死亡，所发生的大笔费用都由社保支付。这个创业者非常庆幸自己及时为员工"加金"做对了，深切体会到企业守法经营的重要性。

我们的创业者还要重视合同管理、依法纳税和知识产权保护等这些与创业密切相关的事项。对诸如买卖合同、租赁合同、借贷合同等不同类型的合同，要结合企业实际，经过内部流程审核后订立，并且严格依约履行。对于涉及企业的名称、商号、商标、标志、网站等涉及知识产权的问题，一方面要保护自己的知识产权，另一方面要避免侵犯他人的知识产权。这方面我们的创业者也发生过不少事情。我曾经遇到一个创业者在网上销售假冒名牌服装的纠纷案子，我劝这个创业者尽快妥善解决，否则，很可能要被追究刑事责任，他及时向对方赔付 10 万元而了结了此案。在我的劝导下，他还表示要吸取教训，避免重蹈覆辙。

（三）

据今年上半年上海市居民创业状况调查报告显示，与 2015 年、2016 年创业者对专家咨询服务的需求相比，已经上升了近 3 个百分点（从 11.1% 提高到 14%）。值得关注的是，在所需创业服务期望中，专家的咨询服务名列第一位。显然，我们的专家在为创业者、创业企业提供专业的咨询服务中不仅赢得了应有的赞誉，而且也确实成为创业服务不可或缺的重要一环！我们律师作为创业服务的志愿者，更应该牢记宗旨，不忘初心，不辱使命，不断前行，为创业者、创业企业提供法律专业的志愿服务，永远为创业保驾护航，守住创业底线。

初创期资产管理划重点

王晓沄
上海市创业指导专家志愿团

导师简介：王晓沄，高级经济师，企业法律顾问。曾任上海市静安区民防经济管理中心资产管理部负责人，长期从事企业资产管理，具备较丰富的企业法律工作经验。2005年起，加入上海市创业指导专家志愿团，2007年获得上海市创业指导优秀志愿者表彰。

小微企业的初创期，企业管理人员往往注重于产品研发、市场营销，容易忽略企业资产管理，同时，由于创业者缺少企业资产管理经验，将企业记账实行财务代理后，不过问企业资产管理，导致企业财务报表混乱，资产管理缺失，存有隐患。笔者结合从事多年企业资产管理的体会及参与创业指导的经历，通过不同的案例，从企业资产管理的角度，向创业者提出加强企业资产管理、规避投资风险的建议。

规避注册资本不到位的投资风险
【案例】

A有限责任公司注册资本50万元。公司设立后，公司股东未按照各自股权比例将其约定出资额缴付公司并实行股权登记，由于运营的资金需求，公司先后多次向股东借款累计30万元，结果，造成公司资产负债表中"实收资本"为零，"其他应付款"负债金额不断增加，"所有者权益（净资产）"始终处于资不抵债，形成不正常的负债经营局面。

【案例分析】

依照现行规定，企业设立登记时，注册资本实行承诺制，可以延期或分期缴付。注册资本零缴付是指企业股东按照投资约定可延期或分期缴付其出资，不是不缴付。实行注册资本承诺制，股东未缴付其出资是没有履行法定义务，需承担相应的法律责任。

企业设立后，股东法定出资不到位、实收资本为零，是对股东投资与被投资企业占有资产之间的关系的认识存有误区。企业股东出资部分是其法定义务，是持有企业股权的证明，其出资额列入企业实收资本，属于企业法人资产。股东投资部分的保值增值、企业开展经营活动是建立在企业法人资产（实收资本）运营基础上的。

采取股东法定出资不到位、企业向股东借债的资金运作方式，是将投资人与被投资企业之间的资产占有关系转化投资人与被投资企业之间的债权债务关系，这种做法不仅会造成股东未履行其出资义务而引发异议，同时，一旦遇到重大债务纠纷，因股东未履行法定出资义务，股东的债权将会与其他债权一并列入企业债务，依照有限责任公司以企业净资产承担其偿付债务的条款，因企业实收资本为零，增加了股东对被投资企业正常投资的风险。

企业实收资本为零，就无法实现企业资产的保值增值。创业是设立企业，是将个人投资通过投资方式转化为企业法人资产，并通过经营管理，发展企业资产规模。股东投资不到位，实收资本为零，企业法人资产为零，股东以借债方式向被投资企业注入资金，没有将企业经营活动建立在企业法人资产运营的基础上，而是采取企业债权债务方式运作。其结果是企业没有资本公积、盈余公积，所有者权益资不抵债，无法实现企业资产保值增值，无法实现企业资产规模的发展。从企业长期发展的角度看，这种方式带来的弊端将会产生较大的负面影响，不少中小企业在引入风险投资或面临创业板上市机会时，不得不花费很长时间调整企业财务报表，就是很好的例子。

企业实收资本为零，股东对被投资企业的出资全部以债权债务的方式向企业注入资金，改变了股东出资的性质，也无法如实反映企业资产真实状况，其结果是不正常地扩大了企业负债率，给企业资信状况带来不良的负面影响。无论是企业账务处理不当或是股东决策失误，都应避免此类风险。

【建议】

企业初创期，开办、运营的资金需求量大，收支往往不平衡，股东在规定的出资额内，无论是一次性或分期分批，均应通过股权登记、企业实收资本到位的方式，实现股东向被投资企业投资，规避因股东不履行法定出资义务而可能出现的投资风险。

超出注册资本规定范围的股东出资部分，属于股东对被投资企业的债权，应以借贷方式列入企业债务，并视情通过偿还、企业增资债转股、股东间股权转让等方式处理。

企业法人实收资本到位后，若遇有资金拆借，可通过其他应收款账务途径，以债权债务方式处理。

通过固定资产折旧化解企业成本，实行资产变现。

【案例】

B公司设立前，股东已购置了价值8万元的设备，公司设立后，这部分设备立刻投入使用，但是，公司未将这部分设备以固定资产形式入账。

【案例分析】

固定资产管理是企业资产管理的组成部分，对列入企业固定资产的设备，应采取固定资产登记的方式入账、管理。

企业占用的设备，可以采取无偿或有偿的设备租赁方式借用，租赁设备不属于企业固定资产。

列入固定资产的设备金额较大，固定资产按规定折旧列入企业所得税清缴前的合理成本，兼顾了国家、企业的利益。货币是企业的优良资产，固定资产折旧是将固定资产购置值按照规定分期列入企业成本摊销后转化为企业的流动资产，是企业资产结构类型的变现过程。

从企业资产实际价值角度分析，账面固定资产购置值（原值）、账面值属于企业资产账面价值，固定资产的实际价值还有评估值，例如，房产、车辆等。通过企业资产评估，由固定资产账面余值和固定资产评估值之间形成的差价部分，是企业资产的升贬值。初创期企业要注重企业固定资产管理，通过固定资产折旧、延长固定资产使用寿命，积累发展企业资产规模。

【建议】

企业设立前购置的设备，可以采取股东实物资产出资形式入账，实行股东出资登记后纳入企业固定资产。企业设立后购置的设备应及时入账。

企业应制定固定资产管理制度，建立固定资产档案，账物相符，定人定岗使用管理，按照规定进行固定资产折旧。固定资产按照规定折旧完毕后，可视情对固定资产实行报废处理，固定资产报废处理收入抵扣其账面余值后剩余部分作为营业外收入入账。

经营收入应入账，实现企业资产良性循环。

【案例】

C公司成立两年多，财务报表一直没有营业收入，只有房屋租金、水电、人员等管理费用支出，始终处于亏损。事实上，该公司的经营活动通过个人微信、支付宝、收发红包等支付方式，年收入可达到几十万元。为维持开支，公司再将由个人名义获取的营业收入，通过公司向个人借债的途径，注入资金，形成了公司亏损、个人盈利的不正常现象。

【案例分析】

企业销售行为的主体是企业，不是个人，以个人名义获取企业营业收入的做法是不合法现象。网络销售应设立企业微信公众号、支付宝，开具发票，营业收入入账。以个人名义获取企业营业收入、不开具发票的做法是没有履行企业纳税人依法纳税的义务。

以个人名义获取企业营业收入的做法造成了企业运营资金周转的管理弊端。由于企业销售收入资金采取了企业销售——个人收入——企业向个人借债——企业获得资金开支的周转途径，无法使企业通过正常经营收入促进企业资产进入良性循环，导致出现企业销售收入越多，却债务越多，亏损越大，负债率越高的非正常现象。其次，以个人名义获取企业营业收入的行为容易滋生隐匿、侵占、侵吞企业资产，形成企业资产管理黑洞。

【建议】

企业营业收入应开具发票，按照规定入账，依法纳税，杜绝以个人名义获取企业销售收入的现象。企业销售入账，通过盈利，优化管理，降低企业管理成本，拓展企业资产规模，这才是创业者应具备的企业发展目标。

资产管理是企业管理的重要组成部分，是防范投资、经营等风险的有效手段。初创期的企业，要从企业法人资产经营管理的资本、资产、主营业务等层面，了解资产管理基本知识，重视资产管理工作，通过企业法人资产的良性循环和积累，扩展企业资产规模，做强做大企业。

当我们谈论 VC 项目时我们谈论什么

苗延飞
上海市创业指导专家志愿团

导师简介：苗延飞，上海中汇金投资股份有限公司合伙人、创投总裁。现担任上海市静安区政协委员、上海市静安区青年商会会长、上海市青联委员、上海市静安区青联常委、上海市静安区工商联常委、上海青年社会建设人才协会理事。

上海中汇金投资股份有限公司正式运营于 2011 年，注册资本 3.18 亿元，股东由大型二级央企、大型国企、大型民企和从事 10 年以上的金融精英人士共同组成。总部位于中国上海，是一家集股权基金、创投基金、证券基金、定增基金、并购基金、产业基金及金融衍生品开发应用等务一体化的综合性金融控股集团公司。

我们的投资理念

关于 VC 项目，我们坚持以"价值发现"和"价值创造"为投资理念，不仅为企业提供资金支持，同时也能帮助被投资企业做战略规划、规范管理、人才引进、财务合规及资本市场业务等增值服务，借助行业发展趋势，推动企业快速发展壮大。我们投资 VC 项目的基本要求是标的企业必须要有巨大成长空间。在筛选项目时，我们最看重的是市场和团队这两个方面。市场决定了企业的成长空间有多大，团队决定了能否实现这个目标。我们认为好的赛道（细分市场）才能让赛手跑得快跑得远，而好的投资标的必须是在某条赛道中跑得最快并坚持跑向终点（IPO）的赛手。所以，在赛手的选择上，我们特别看重其团队的学习能力、创新能力和管理能力。在投资过程中，我们会综合评估标的企业的管理团队、核心技术、商业模式、营销能力、财务指标、核心竞争力等。

我们的投资流程

• 项目筛选，基于公司投资策略，初步筛选和评估一批符合公司要求或有兴趣的标的企业；

- 初步沟通，与标的公司创始人或控制人进行初步沟通，了解公司基本面和融资计划等；
- 前期尽调，对于初步通过合格的标的企业进行实地考察，了解标的企业的真实情况；
- 项目立项，通过前期尽调的标的即可进入立项申请，通过立项会讨论决定是否正式立项；
- 发投资意向书（TS），正式立项项目即可发 TS 给标的公司，包含投资条款清单；
- 尽职调查，基于尽调清单对标的公司开展全面尽职调查，包括法务、业务、财务、团队、技术等，撰写尽职调查报告；
- 过风控，完成尽调后进入风控阶段，形成风控报告；
- 上投决会，过完风控后进入投决会进行最终裁决，投决会综合评估后拍板是否进行投资；
- 签署投资合同，过会项目即可进入投资协议签署阶段；
- 打款（首款），根据投资合同，向标的公司支付第一笔投资资金；
- 工商变更，根据投资合同约定，进行工商变更及办理相关法律手续。

我们的投资策略

"一心"恪守

这里的"一心"，是指遵循以价值投资和财务收益为核"心"，我们恪守为有较好成长性和核心竞争力的企业提供资金支持，解决其资金需求问题，从而帮助企业快速拓展业务、扩大经营，同时帮助企业规范管理、调整人才结构、优化财务指标等，在实现企业社会价值和经济价值的同时，实现我们的投资价值，这是我们团队一心所恪守的。其实，任何投资都将回归到商业本质，获取财务收益也是投资的必然要求，所以我们一般不看好不注重财务收益的企业团队。

"二守"原则

守"势"原则，主要挑选符合国家产业政策的高成长预期的细分行业，即"赛道"选择遵循国家意志，在行业有"政风"起的时刻布局。这里的势包括政策趋势、行业趋势、国内市场趋势、国际市场趋势等。

守"时"原则，主要挑选具有核心竞争力和财务收益的企业，即"赛手"选择遵循企业价值规律，在企业发展的"适点"切入。这里的"时"包括企业发展的阶段、企业规模、管理团队、财务指标、技术水平、核心产品等。

"三观"其面

宏观基本面：主要从政策、法律、税收、技术等方面判断，比如国家宏观政策不明确支持的行业或存在潜在法律风险的灰色地带，均会排除在外。

中观基本面：主要从行业趋势、市场规模、天花板、规模效应、进入壁垒、潜在的新进入者、竞争程度、标杆企业等方面判断，比如夕阳产业、市场规模不足50亿、规模不经济、进入壁垒过高（行政限制、非市场化）、市场竞争过度（存在价格战）、标杆企业已经形成寡头垄断等细分市场，均可能被排除。

微观基本面：主要从管理团队、股权结构、主营业务、财务数据、投前估值、PE倍数、融资规模、出让股权比例、可接受的条款清单、退出计划等方面判断，比如核心团队管理能力不足、股权结构过度分散、主营业务无核心优势、资产负债率过高、连年持续亏损而无转机、投前估值过高、PE超过25倍、业绩上无任何承诺、退出可能性太渺茫等，均可能排除在外。

"四看"标准

看人性。这里的人性主要从管理团队的价值观、人品、能力、信心等方面去评估。这里的价值观主要体现在企业发展方向、战略决策、企业文化等方面；人品则主要体现在诚信经营和个人征信等方面；能力主要体现经营管理能力，主要表现在团队管理能力、产品开发能力、技术创新能力、产品竞争能力、市场营销能力、企业盈利能力等，可通过一些业务指标和财务指标等衡量，比如客户数量增长过慢、合同订单量下降，以及销售额增长率、资产负债率、库存周转率等是否太低等；信心主要体现在管理团队对商业逻辑的深入挖掘，对市场前景是否充分认可和是否有动力坚守直到取得重大突破。所以，人性在一定程度上决定了企业的护城河的宽度。

看技术。在"大众创业、万众创新"的大背景下，最近几年诞生了大量创业企业，但具有较强竞争力的企业往往都有较高技术壁垒，核心技术逐渐成为企业竞争的最核心要素之一。在看技术的时候，主要从以下几个方面：一是技术转化能力，再好的技术，如果还无法商业化，其商业价值大打折扣；二是技术前景，主要是看未来若干年的技术发展趋势，以及技术应用场景是否足够丰富；三是技术可复制性，主要从原创技术本身的技术含量和安全性等方面考虑,前者高必然形成较高技术壁垒,后者安全措施充分更是获得技术安全的保障,防止被轻易抄袭甚至超越,如果这项技术很轻易被其他企业复制,则其本身就存在较高风险性;四是技术权重,主要从技术研发比重和技术价值在企业价值的比重等方面来衡量;五是法律风险,目前很多企业都在申请技术专利,在充分国际化的当下,本企业的某项技术可能涉嫌侵权或部分侵权,一旦此项技术大规模商业应用后,可能带来一定法律诉讼风险等。所以,技术在一定程度上决定了企业的护城河的深度。

看产品。产品本身是技术、工艺、功能的载体,企业通过产品流通进行变现,而流通能力决定了企业变现能力。由于市场需求往往是多元化,必然要求产品也要多元化,以便充分满足市场需求。一看产品研发、生产、销售、维护各环节成本和周期,以及产品销售价格、毛利贡献和客户回款周期等;二看产品迭代开发能力和迭代周期,从而判断企业是否具备快速适应市场需求变化的能力;三看产品供给是否真正满足市场需求,主要表现在产能和功能等方面,前者是量上的满足,后者是质上的满足;四看产品在具体应用场景中用户获得的真实体验,如果用户体验存在问题,会直接影响到用户忠诚度,从而降低产品竞争力;五看产品营销方式和成本支出,如果营销渠道不可控、营销能力不够强或营销成本过高,必然导致产品失去竞争力;六看产品税赋,如果存在税赋过高,必然导致税赋转嫁,也将失去产品竞争力;七看产品在满足基本需求的前提下,是否能与竞争对手形成差异化竞争,尤其是面对强大对手时,能否通过产品创新和差异化正面竞争,从而夺取自己的市场份额;八看产品是否需要强制认证或行政审批,某类产品可能必须获国家认证后才能批量上市。

看数据。这里的数据主要指公司业务数据和财务数据。一看目标市场是谁,To B 还是 To C,To B 又分为大 B、小 B 或混合 B(大小 B 共存);二看目标市场的规模,比如客户数量、市场容量、增长空间等;三看业务合同数量和质量,前者主要从签约合同数量增长情况来衡量,后者主要从合同交易额的大小和毛利贡献多少等方面衡量;四看财务"三张表",主要从资产、负债、负债率、销售额、销售费用、毛利、净利润及现金流等的增长情况来衡量;五看财务合规性,比如是否存在未审计财务数据、虚增销售数据、拉高利润、规避隐形债务等。

"五搭"组合

搭配行业组合。本公司某只或某几只基金可能同时参与 VC 项目投资,那么在细分行业上可能进行组合设计，从而冲抵部分细分领域的投资风险。比如可能需要搭配视觉计算、语音识别、语音交互、服务机器人、营销机器人等不同细分领域项目，进行组合化布局，从而分散投资风险。

搭配企业阶段组合。本公司某只或某几只基金可能同时参与 VC 项目投资，那么在企业阶段选择上可能进行组合设计，从而冲抵部分阶段性项目较高的投资风险。相当于对本公司单只或多只基金进行资产配置，比如投资可能分布在 Pre-A、A、A+、B、B+ 轮等项目，从而分散投资风险。

搭配投资规模组合。本公司某只或某几只基金可能同时参与 VC 项目投资，那么在单项目投资规模的选择上可能进行组合设计，从而冲抵部分项目较高的投资风险，比如本公司创投基金主要用于投资规模在 500 万—2 000 万之间项目，同时在 500 万以下和 2 000 万以上的项目也进行适当的投资，从而分散本公司基金投资风险。

搭配退出计划组合。本公司某只或某几只基金可能同时参与 VC 项目投资，不同基金的成立时间和存续期可能不同，从而形成不同的到期兑付时间节点，那么在单项目退出计划的选择上可能进行组合设计，尤其是退出周期上进行组合，比如退出方式可组合 IPO、并购、回购甚至 B 轮退出等，退出周期同样需要差异化，比如部分布局 2—3 年退出、部分 4—5 年退出、部分 5 年以上退出等。

搭配收益预期组合。本公司某只或某几只基金可能同时参与 VC 项目投资，那么在收益预期的选择上可能进行组合设计，既能冲抵部分项目较高的投资风险，同时也更容易到达基金的收益预期。

早期风投的套路

杨　博
上海市创业指导专家志愿团

导师简介： 杨博，InnoSpace 天使基金/壹诺创投投资总监、上海大学创业导师。在新加坡、挪威、美国拥有多年的海外留学工作经历，并且在新加坡国立大学取得项目管理硕士和芯片设计本科学位，华东师范大学心理学博士 Candidate。在新加坡和上海创立了两家数据服务公司，拥有丰富的早期风投经验。

　　关于早期风投，我首先给大家做一个系统性的解释：一般来说，大家普遍把直接投资非上市类公司股权的机构叫作一级市场投资机构，而风险投资就是一级市场的一个重要品类。风险投资机构也会因为投资的阶段不同被分为天使基金、VC 和 PE 三种类型。这里说的早期风投主要指的是天使基金和天使投资人。很多媒体和投资机构会按照投资金额来划分这三种类型，但是我更愿意用募资的目的来区分，因为最近市场上出现了一些在天使轮就融资过亿人民币的早期公司。我们普遍上把融来的钱用来开发完善产品／服务、测试商业模式、测试市场的阶段叫作天使期；把融来的钱用到开发市场的阶段叫作 VC 期；最后以进入资本市场、并购等目的募集资金的阶段称为 PE 期。

　　各类型间既有不同又有共通，但是因为标的都是非上市公司，所以团队、产品、市场、财务四个因素是贯穿每个阶段的共同因素，而每个类型对于这四个因素的关注度又各自不同。比如天使基金关注度顺序是市场、团队、产品、财务；而 PE 基金的顺序是市场、财务、团队、产品。

　　那么问题来了，好像所有类型的风投关注度排名第一的都是市场？或者会引申出一个大家都非常想问的问题：风投到底会投什么样的企业？

　　这其实是一个很大的问题，要回答这个问题首先还是要从风投基金的基础目的开始分析，然后逐层降低纬度。其实基金的存在意义不言而喻，为 LP（基金投资方）赚取最大的利益／利润。从这个目的延伸出去，投资标的需要具备三个基础特点：商业模式有利润空间／预期利润空间、具备高速增长的潜力（市场规模）和相对较高的竞争壁垒（独有性）。从这三个基础特点来看，其实市面上大部分的商业项目是不适合风投基金投的。因为一般的风投基金都会追求年化20%以上（有些机构甚至更高）的利润，这个高收益也伴随着较高的风险，所以虽然风险投资叫作风险投资，但是他们在风控上并不放松。而且不同类型的基金对于单个项目的投资回报倍数也是有不同的标准的：天使基金关注的项目在锁定期内的投资回报倍数预期一般是7—15倍；VC一般在5—10倍；PE在3—7倍上。这样的一个回报率也是和各阶段项目的死亡率（风险）是相对应的，早期回报高死亡率高，PE投资金额大，回报倍数小同样风险也小得多。

因为壹诺创投是关注早期的天使投资基金，所以后面的分析和案例大多会以这一时期的项目为重点对象来进行讨论。

正如刚才文中提到的，早期风投在看项目的时候会以市场、团队、产品、财务的顺序对项目进行分析。市场或者说投资领域是在基金成立的时候就应该定下来的，制定的方式是通过大量的行研结合投资团队自身的判断和自有资源，综合考虑来确定的。自有资源比较好理解，基本上团队的出身和专业技能就能判断到底什么行业的项目可以投，什么行业不能投了，因为绝大多数的基金都会遵循"不懂的不投和帮不上的不投"这两个基本前提。那么自身判断其实也是基于投资团队对于过往投资项目的经验及对行业的理解来作出的，当然这样的判断可能有的时候会比较非理性，最后有行研数据支撑的判断才比较有说服力。通常行研会包括不同的视角（微观与宏观）、不同的时间段（成熟期、暴发点、回报周期等）、不同的体量（存量、增量、集中还是分散）、不同的对手（竞品、上下游、合作方等）等多维度的分析。单只基金产品会结合自身优势重点关注在基金续存期内有可能蓬勃发展的行业。比如2010年的互联网、2013年的移动互联网，以及现在大家普遍看好的AI、大数据。如果创业者要投递BP的时候千万要看看投资方关注的是什么行业，行业不对口的话基本上就是进垃圾筒的命运。

从团队上看，背景能力是否匹配，搭配是否合理都是投资方比较关注的点。另外，更重要的是主要创始人是否具有创业的基因。从投资人的角度来看，时候创业的创始人在人群中的比例并不高，商业思维、亲和力、解决问题的能力等综合素质缺一不可。

如果一个团队和市场都占据优势的项目，对于早期基金来说是有兴趣的，然后再去看产品和已有的财务数据来最终判断是否具有投资价值。

说完判断标准以后大家可能又会对具体的操作和案例产生兴趣，接下来我也会对这几年发生的一些实际案例做个简单介绍。

大家如果有关注创业的新闻的话，应该还记得 2012 年—2014 年炒得火热的流量经济，这些项目的投资方其实说到底还是寄希望于把这些流量最终变现成利润，换句话说具有公允价值的东西（流量、数据等）都是有可能换成利润的。当年的流量也都是有一套估值方式的，比如一个注册用户映射在估值上面的价值是多少。并且流量是有可能出现爆发式增长的，比如之前爆红的"足记"，短时间内流量翻了数千倍。这直接导致了流量经济的火爆，以及这类型公司的估值暴涨。

但是随着流量变现的难度增加，有一些基金意识到之前给的估值过于乐观了，纯线上的产品存在变现渠道较少的问题。这就直接催生了 O2O 这种新热点，既然线上流量非常多，那是不是把线上流量导入线下场景中来变现，就能完美解决呢？这个问题的答案大家应该也能从最近 O2O 公司大量死亡的事实中找到。其实商业的本质告诉我们，销售扣除成本所剩下来利差才是商业追逐的真理，而一切皆成本，线上的流量成本是有优势，但是线上转线下所产生的转化率和管理的成本加在一起甚至超过了单纯的线下获客成本，这个时候 O2O 的美好模式就变成了死亡模式，卖得越多亏得越多，因为规模并没有把转化率和管理成本变低，规模效应失效。但是这种模式也并不是完全行不通，在一些行业，比如标准化程度高、频次高、握手成本低的行业里面这种模式是能够发挥极大地效用的。

早期风投的特性逼着投资人必须要用极为有限的数据和信息来分析可行性，所以在看项目的时候也会用抓重点看逻辑的方式来进行。比如二手车项目，重点在一手车源，而车源的质量又会遵循 C>B>B>C 的顺序流转，所以很多项目通过保险、车检等前置端口来控制高质量的车源，高质量的车源才会好卖，所以在这个领域一流公司卖车源，二流公司卖交易，三流公司卖广告。

同样的逻辑也存在在教育领域，因为教育离不开的两个维度是年龄（学前、K12、高等教育、语言教育、技能培训等）和 IT 化程度（传统、网课，甚至是 AI 辅助教育），所有的教育项目都可以按照这两个重点维度来进行分析。

创业者在做一份 BP 的时候要非常仔细地找到所在行业的重点，按照某种合适的逻辑来进行阐述，不然投资人甚至都不会给面谈的机会。

不简单的商业计划书

王 翀
上海市创业指导专家志愿团

> **导师简介：** 王翀，红湾创业投资（上海）有限公司和上海红湾众创空间管理有限公司执行总裁。交大工商管理硕士学历，曾担任上海和平企业集团副总、上海锦和投资集团有限公司高级人事行政总监等要职，2000年参与上海市职业鉴定指导中心的职业经理人、人力资源管理师、培训师等专业职业标准及题库开发与鉴定考评工作。

创业需要资金支持，参加比赛、路演，吸引投资人的注意是取得资金的有效方法，为此，要准备好一份打动人心的商业计划书。但是很多创业者觉得商业计划书不过是几页纸，没什么好重视的，然而现实是，一份优质的商业计划书能在时间有限项目多的情况下脱颖而出。

作为一名创业指导专家和投资人，我在这么多年的创业指导和对小微企业投资中，总是思考如何选择好的项目和创业团队？我归纳总结了创业者普遍存在的一些问题。

项目产品线未能提炼"最亮点"

有很多小微企业对创立的项目其实都有不错的创意、亮点，然而在面对投资人做项目路演或答辩时，会把所有的业务内容都写进商业计划书，不善于挖掘自己项目的亮点，没有一个如何提取出自己项目精华的清晰思路。这就会给投资人造成业务特色不明、没有突出的重点业务的印象，无法让自己的项目在众多各具特色的项目中脱颖而出，得到评委的青睐。

其实，只要把自己最具有创新特色的业务呈现出来就可以了，千万不要把各项业务平均分配、混在一起讲；对自己的业务做一个客观的比较和分析，最好用表格，把性能、价格、毛利率都列出来进行比较，就能让投资人一目了然。

例如，一家为汽车保养门店做后台系统平台的"车众网"，先在线下开了11家直营店，以此为基础做线上平台。在这个项目中，他抓住了线下汽车服务平台目前普遍存在的一个突出问题，即脏、乱、差。员工素质无法保证，对客户的服务无法标准化，包括原材料，比如机油、补件无法形成标准化的采购。针对这些问题，这个平台通过线上基本做到统一采购、员工统一培训、标准化的业绩考核，做标准化服务；其次，通过线上采购，可以有效解决传统机油回收的污染问题——对各门店进行统一回收，做官方环保处理。只要抓住了这两个点，然后围绕这个亮点展开，就能给评审专家一个较为直观的印象；对于投资人来说，也能准确定位这个项目，判断其商业模式是否符合自己的投资标准，未来投资回报如何。

小微企业的产品模式不一定要面面俱到，只要把自己的特点做出来就行了。例如，如果主业只有应用面比较创新，但对技术含量要求不高，那就扬长避短。因为不同的投资人也会有不同的投资领域的偏好，只要说清楚自己做的是什么，接下来就是找到对的投资人了。

商业计划书需要用数据"说话"

投资人最感兴趣的就是与众不同的东西，即最好是能让投资人耳目一新的内容。投资人最要听的"语言"是数据，尤其是和竞争对手比较的数据。

比如，怎么才能证明你的产品比同行业好呢？一个最简单的办法，就是毛利率——用业绩增长的数据来证明，用优于同行业的量化指标来沟通，这才符合投资人的思维。不管是文字的"形容词"，还是图片的"形容词"，都不足以证明你的市场潜力。只有用数据来"说话"——你的客户有多少？客户购买你的产品多少次？每次购买花多少钱？算一下就知道，你的潜在市场规模、未来前景是怎样。

大部分小微企业在商业计划书中喜欢用形容词来说明自己的产品优势，而投资人则希望企业能把自己的账算得越清楚越好，而且如果能用第三方数据的更好。须知道，你的市场越大，对投资人的吸引力就越大。

项目发展计划存在逻辑不合理

一般商业计划都会有一个发展目标，而有些项目的商业计划书里，目标是有的，但如何实施、达到这个目标的计划没有！投资人只有透过"计划"才能判断出这个项目是否可行。你计划怎么做？今年做什么？明年做什么？怎么才能实现这个目标？这中间需要有一个逻辑关系。从海平面怎么一步步走到山顶？一定是要有计划、可实施的。这其中的逻辑关系是投资人非常敏感的部分。一旦数据错误或逻辑混乱，投资人就会感觉这个项目不靠谱，这是一个很致命的问题。

项目商业模式不够简单直接

前几年开始流行一个很时髦的商业模式："羊毛出在狗身上，猪买单。"作为投资人，我们并不赞同使用这种商业模式，因为这其中有很多不确定因素：首先，这需要搞定三个动物，三个动物中有一个没搞定，这个商业模式就不成立！所以，建议用简单的商业模式——越简单越好做，就是"羊毛出在羊身上"；少转弯，直接一点。

当然，如果已经有成熟的业务和市场基础，有创新的业务模式也是可以的。最好，羊身上产羊毛，猪身上产猪肉，狗身上也可以出点什么东西；如果每一个板块上都能有收入，那最好。

所以，商业计划书中不论是文字还是图表，一定要能让投资人很直观、很明确地看清楚商业模式，感觉到这一项目的产品、技术、市场是非常好的。

综上所述，小微企业要想快速、有效获得融资，需要升级自己的商业计划书——一个项目的前景如何？是否可行？项目和人的因素基本决定了这个项目的优劣。因而，只有解决了这些问题，好项目、好产品才能吸引到投资人关注的眼光。不论是从比赛、路演的角度，还是从公司未来引进投资、长期发展的角度来说，商业计划书的提升都是创业者必须要做的一门功课。

作为一名创业指导专家，我深知肩上有责任，有一点忠告希望我说出来，你听得进。那是我在为小微企业服务时有遇到的这样一个案例，它始终让我难以忘却。

记得在2003年有个加盟柯达影像创业者，申请开业贷款10万元，不巧的是贷款刚下来家里母亲生病急救，结果孝子心切把刚贷款开业的钱用于了为母亲治病，后因医治无效谢世了。所贷的开业资金全部用于母亲的治病与丧葬，我作为开业专家对其进行跟踪评估和辅导，指出了他将贷款擅自非用于创业，使用性质违背了诚信原则。据此银行责令他在规定时间内必须归还贷款，不然要将他记入不良信誉名录！他慌忙地在第一时间找到了我商议对策，我仔细为他分析利弊得失和能给出的最佳方案，他首先把自家的房屋作为抵押再次申请贷款，在规定期限内顺利地还清了前属贷款，多余的资金并顺利地开出柯达影像连锁店。由于和银行建立了良好的商业信誉，在他开设第二家柯达影像店时，他顺利地向银行贷款到了第二笔20

万的创业贷款。经过刻苦经营,在短短的三年时间里,这名创业者通过银行贷款连续开设了六家柯达影像连锁加盟店,在当时他成为一名成功的创业者。

  这个案例给我的启示是,他当时如果不把仅有的房子作抵押还清了贷款,哪里会有后续的扶持贷款?一个创业者需要的良好的商业信誉是何等的重要,因此,创业需要建立良好的个人商业信誉!在创业遇到困难时个人的商业诚信在成与败两者之间是致命的!

攻略篇

高人指路，创业自有大学问

创业3·1·5"右手法则"

季国浩
上海市创业指导专家志愿团

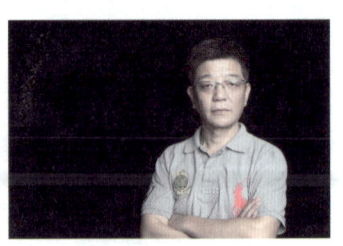

导师简介：季国浩，上海企业家协会理事、上海道翮投资管理有限公司董事长、上海奢荟餐饮管理有限公司董事长。季国浩先生拥有二十多年的金融从业经验，十多年的创业经验，曾经从事电子、建筑五金、金融、类金融等相关行业。尤其对金融行业特别熟悉、有丰富的实战经验。

对于小型企业来讲，我发明了一种简且通俗易懂的方式来表示：创业3·1·5"右手法则"。

"3"——三个手指捏田螺

"3"即"三个手指捏田螺"，这是对创业准备阶段而言的。三个手指分别对应以下内容：一是存资金，首先必须准备一笔启动资金。如果没有资金，一切就无从谈起。二是存人脉，既要存客户人脉，也要存团队人脉。三是存项目，创业要做什么，未来的发展方向是什么，都需要在创业准备期间作好规划。

某种程度上，创业与买房相似。买房要存钱，创业也要储存东西，没有储存就要透支，就像买房时资金不够只能贷款一样，贷款越多，压力就越大。所以要做好创业前的积累和获取，充分获取资金、人脉、项目，减轻压力，企业才能发展壮大。

"1"——一个紧握的拳头

"1"即是一个紧握的拳头，这是对于初创企业而言的。初创期间只有创业者一个人，所有的东西都一手抓。战略规划、企业管理、客户营销、跑腿打杂全部在创业者手中，对创业企业来说，这是一个必经的阶段。

我之所以用一个紧握的拳头形容初创期，是因为拳头各方面都有短处、有限制。对于有的创业者来说，他们就止步在这个状态停滞不前。想要发展，就必须发挥五个手指的作用。而伸展的五个手指各有所长，组成一个整体,互相支持互相配合,共同面对和完成挑战,这就是3·1·5"右手法则"中的5个手指。

"5"——五个手指各有所长

"5"即右手的五指。这是对于发展期企业而言的。

小拇指代表公司的技术。"酒香也怕巷子深",没有其他的东西支撑,技术就是空中楼阁。

我身边就有这样的实例,有一家企业从事专业设计图纸软件,就技术项目而言是不错的,但资金、销路、人脉、团队都不给力,销售量一直提升不上去,无法获得投资人的青睐。所以好的东西要被大家所知道,没有技术不行,但空有技术是不够的,所以我用小拇指来代表技术。

无名指代表公司的客户。无名指是戴戒指的,代表你最亲爱的人,做企业最重要的是什么事?是客户。创业最核心的要素就是客户,没有客户就没有意义。

我在创业指导中碰到过一家数据软件企业,其开发的程序运行速度快、节省流量,但是缺乏客户资源。我和静安分团专家吴为民,为该企业介绍了客户,两人还自费专程陪同企业负责人去南京对接客户。之后还为其陆续推荐了客户,很可惜,该企业的客户体验、服务没有跟上需求,结果并不尽如人意。

中指则代表公司的团队。创业团队负责干活,这也是公司中最中坚的力量。他们为共同的创业目标而奋斗,优势互补、责任共担。在创业发展的过程中,还要不断物色和招募创业伙伴,组成所需的创业团队。

食指则代表公司的营销。食指是指方向的,公司指向哪里?奔向哪里?往哪里冲?这就是公司的营销决定的。

脑白金的广告可谓是耳熟能详,虽然颇受争议,但史玉柱确实把握了消费者的心理,创造了营销神话。《舌尖上的中国》纪录片为什么这么受欢迎,因为它唤起了大家味蕾记忆中的味道。摩拜单车、支付宝等的成功正是培养了消费者的习惯,他们做出让人能够记住的东西,这就也是营销的精髓。

大拇指则代表公司的分配。员工的积极性怎么被调动?怎么分配?一个公司的分配制度是否合理可以看出一个公司的好坏。

手掌则代表公司的资金。资金是创业的核心,没有资金这个手掌支撑,五根手指便无法劲往一处使,发挥不了更多的能力。

执行力是企业的核心。王阳明提出:"知行合一。"有再好的架构,不执行是徒劳的。行胜于言，不仅要认识，尤其应当实践，只有把"知"和"行"统一起来，才能在创业中立于不败之地。

在多年的创业服务工作中，我有一些感悟和体会，在此与大家分享。

随着创业进入3.0创新时代，小微企业的创业服务方式也不断更新。其实现在的创业资源很丰富，也有很多热心企业家愿意帮助创业者，对他们来说，他们创业服务的出发点也是为下一代留下些东西，金山银山也有坐吃山空的一天，而他们为创业环境和服务模式所奉献的，可以让下一代感受惠受和传承下去。但是，他们缺少平台和途径，我想成立一个上海创业服务专家退休俱乐部，集合企业高管等社会资源来帮助创业者。

创业，要有独立的思考，不能远看，要近看。我在创业指导服务中遇到过这样的企业，他们对市场没有深入的了解、对客户需求没有细分、掌握信息不对称、对行业领域没有充分的熟悉，贸贸然创业，结果发现市场已经饱和，而他们所拥有的技术、产品，在市场上早就更新换代，不再有优势。同时，我建议创业者要不断积累自己的人脉资源，从他们身上汲取学习，为自己定一个目标，每年新发展多少人脉资源，到一定积累后这些量变就会变成质变。

最后，真诚地祝愿每一个创业者都能实现自己的梦想！

小微企业发展　未病先治

陈和生
上海思坡特企业管理顾问有限公司

导师简介：陈和生，上海思坡特企业管理顾问有限公司总经理。国家注册高级精益生产师，擅长企业系统化管理。

　　经过30多年改革开放，中国已经成为世界第二大经济体。经济的发展给我们的生活带来的改变也是实实在在的，这不，在网上经常能看到国外的小伙伴对我们各种的羡慕和点赞，作为国人我们也常常油然而生出一种小小的自豪感。经济的发展，祖国的崛起我们时时都能感受得到，可是小伙伴们一定要知道一点，我们的经济成果中民营企业的贡献不容小视。有数据显示，民营企业对我国GDP贡献率高达60%以上，提供了80%的城镇就业岗位，吸纳了70%以上的农村转移劳动力，新增就业90%在民营企业，来自民营企业的税收占比超过50%。而中小民营企业在民营企业中约占80%，所以中小民营企业的发展对中国经济的影响不容忽视。

　　可以说中国中小民营企业的发展是紧跟中国改革开放的步伐而来。今天，我们回过头来看，广大中小民营企业的发展历程大多较为类似。其创业团队由情投意合的两三个人，夫妻或是自家的几个人组成；硬件设备由一台机，一条"枪"起步；生产也是从技术含量不是很高的产品加工开始。企业管理方面没有严格意义上的部门职能划分，常常是一人身兼数职，老板既是总经理，也是销售员、技术员，甚至是车间主任。没有真正意义上的作业流程和标准，全凭经验和参考。产品竞争力不强，利润低薄，在市场的夹缝中求生存。中国中小民营企业就是这样一步一步跌跌撞撞发展而来的。这其中所经受的压力和所经历的艰辛，恐怕外人是无法体会到的。

　　今天我们来看看中国中小企业发展面临的现状，首先从中国企业整体层面来作一个了解。

　　2015年6月6日，中科院中国现代化研究中心发布了《中国现代化报告2015：工业现代化研究》，该报告显示，目前，中国属于一个工业初等发达国家，工业和制造业劳动生产率的国际差距依然较大，工业质量位于世界中下游。报告中给出的具体解释是这样的：在1970—2010年期间，中国第一次工业现代化指数从17提高到65，40年提高了48点。2010年中国属于工业初等发达国家。2010年中国第一次工业现代化指数排名世界第57位；第二次工业现代化指数为38，排名世界第52位；中国综合工业现代化指数为34，排名世界第59位。按工业劳动生产率、工业增加值比例和工业劳动力比例指标的年代差的平均值计算，2010年中国工业经济水平，比德国、荷兰、英国和法国大约落后100年，比美国、丹麦、意大利大约落后80多年，比瑞典、挪威、奥地利、西班牙和日本落后60多年。

　　看到报告的一瞬间，我和我的小伙伴们都惊呆了，刚刚油然而生的小小自豪感也受到了不小的打击。该报告一公布立即在社会上引起了广泛的关注，有认可的，但是更多的是质疑。其实我们倒不必要去死磕数据的真实性和科学性，而是应该理性地去分析，理性地去看待差距。不可否认，中国经过30多年的改革开放，工业和经济等各方面都取得了举世瞩目的成就，但是与发达国家相比，在诸多方面还是存在一定的差距。比如在企业管理的理念和方法上其差距是真实存在的。这种差距从企业管理中的一些细节上就能找到佐证，比如笔者发现在国内企业执行一些看似简单的规定就很难，比较有代表性的一是禁烟或者规范吸烟很难，二是想让员工按要求戴上安全帽很难。这一现象不仅只存在于一些管理不规范的小企业，在一些管理较规范的大型民营和央企同样存在。所以笔者认为在一些管理理念上我们与发达国家差的不是60年、100年，而是200年，甚至更多。这是目前中国企业管理的现状，所以中国的中小民营企业的管理水平处在什么水平就可想而知了。

　　那么中国中小民营企业生存和发展的现状如何呢？据美国《财富》杂志报道，美国中小企业平均寿命不到7年，大企业平均寿命不足40年。而中国中小民营企业平均寿命仅为2.5年，集团企业的平均寿命为7—8年。美国每年倒闭的企业约10万家，而中国有100万家，是美国的10倍。中国企业尤其是中小民营企业为什么寿命这么短？这说明其在发展过程中存在很多问题。经过多年对广大中小民营企业管理情况的深入调研，笔者认为中国中小民营企业普遍存在以下几方面的典型问题。

　　一、老板思想意识不到位，缺乏现代企业管理的理念。老一辈创业者大多不是企业管理科班出身，也没有接受过企业管理相关的培训，所以往往固守自己的一套思维模式不愿改变，这类企业往往不会有太好的前景。笔者服务和调研过两家中小民营企业。第一家企业生产的是建材，总经理是一位85后，有过留学背景，具有现代企业管理的理念，所以企业在成立之初公司便开始按照现代企业管理的要求进行规范管理，最初先在公司实施6S现场管理，通过6S的实施，企业现场得到了规范，现场浪费减少了、效率更高了，也更安全和有序了，更为重要的是员工的规范意识建立起来了。在此基础上公司再导入系统化管理，理顺公司管理架构，明确管理职能，建立管理流程和标准，经过短短一年的时间公司的运作便迈入了良性的轨道。2017年国家去产能调控的效果开始显现，安全环保督查力度加大，大量不规范的、粗放式经营的企业被关停。在这个利好的条件下这家公司在2017年取得了相当好的业绩，公司发展稳步向前。第二家企业生产的是电动工具的包装容器，有一次一家世界500强企业的采购经理到该公司进行初期供应商评审，提出公司目前现场管理达不到要求，建议企业按照现场6S管理的要求进行规范改进，一个月之后再来进行正式评审。于是该公司联系到了笔者公司，希望借助第三方机构的力量进行6S实施改进，但是当一切准备工作都准备到位后，笔者公司接到该企业的通知项目暂停实施，原因是客户已经选择了另外一家现场管理符合6S要求的供应商，所以公司不用做这一块的规范改善。以上两个案例向我们展示的就是老板思想意识的差异，对企业发展所带来的不同结果。机会永远是留给有准备的人，这是真理，企业的规范管理不是做给别人看的而是企业发展的现实需求。

二、老板凡事亲力亲为，不注重人才的培养，不愿或不敢授权。凡事亲力亲为一般基于两方面的原因：一是老板的习惯，因为公司刚起步时一直都是这样过来的，所以形成了固有思维而且不愿去改变；二是因为担心下属的能力不够工作无法达到要求。所以最终的结果就是企业的管理陷入混乱的状态。老板成为最忙的人，而且天天抱怨员工素质差没人能帮得上忙；而员工的工作积极性也不高，依赖心强，而且天天抱怨老板不给机会，能力得不到提升。这种矛盾的现象在中小民营企业普遍存在，如何解决？首先企业老板要作出改变，要重视人才的培养，要发挥团队的力量并且要在一定程度上要能容忍下属犯错。

三、好高骛远，眼高手低，不重视基础管理。随着时间的推移现在也有越来越多的企业老板开始重视企业的规范管理，并且也愿意进行资金的投入，但是在实施的过程中却容易跑偏，存在盲目攀比，一味地追求所谓的"高、大、上"，而不考虑企业的实际，其结果是投入了巨额资金却并没有取得良好的效果。例如，浙江某企业投入了上百万导入国外一个先进的ERP系统，但是运行了3年多仍没有运行起来，其原因是什么？就是没有考虑企业管理的实际，该公司仓库连最基本的账和物都没有理清楚，ERP系统能很好地运行起来吗？所以企业在管理投入一定要切合企业的实际情况，并且不能一味地追求所谓的"高、大、上"的管理方法或工具，要从基础开始。

四、"人治"而非"法治"，企业管理属于"粗放式"，随意性较大，没有完整的成型的管理系统支撑。中国中小民营企业为什么寿命不长，从企业管理的视角去分析，其根本原因是绝大多数企业采取的是"粗放式管理"。粗放式管理的特征有三点：其一，重形式，不重效果，管理中会出现形式主义；其二，重表面，不重实际；其三，"差不多"的管理，不是准确、科学的管理。在企业发展初期，在还只有三五条"枪"的时代，靠经验式和粗放式的管理在某种程度上还似乎能体现一定的灵活性和优势，所以企业还能生存和发展，但是当企业发展到上百条"枪"，几百条"枪"，企业达到一定规模后靠经验式和粗放式的管理已经无法满足企业发展的需要了，不规范的管理就会成为企业发展的最大瓶颈。所以企业要想活得更长，活得更好，必须建立规范化系统。

五、安全、环保意识淡薄，不重视安全和环保的配置及改善。中国经济经过30多年的改革开放，已经取得了辉煌的成就，经济发展模式现在正在转型和升级，变得更绿色，更具有可持续性。在这种大环境之下，安全和环保的要求会越来越高，安全和环保如果无法达到要求企业就不可能有未来。

时代在发展，科技进步的速度也越来越快，我们要怎样做才能跟上时代的步伐呢？唯有不断地学习和改变，前辈给我们留下的宝贵经验值得我们去学习、去分析、去改善。2015年6月16日，国务院发布了关于大国推进"大众创业、万众创新"若干政策措施的意见，在这种大好形势下，会有越来越多年轻的小伙伴加入到创业的大军当中来，以上笔者关于中小民营企业在发展过程中应注意的问题希望能够给大家参考，并希望大家能够提出批评和指正。

找准定位，格物致知

王 翔
上海市创业指导专家志愿团

> **导师简介：** 王翔，上海震业财务咨询有限公司总经理。2001年加入上海市创业指导专家志愿团。多次荣获"上海市优秀开业指导专家"称号。

创业不是"创"的事，也不是"业"的事，是人生道路中选择的一份事业，像不同的人对成功有着不同的定义。创业，既可以创造社会价值、又可以带来经济价值。对于创业者而言，创业的成功是成就了一份事业；而对于我们从事创业辅导工作而言，帮助青年树立价值观、找到理想的事业目标则是根本。我们想要强调的是，创业价值观是指导我们工作的理论基础，无论是工作目标还是方法路径，都能起到推波助澜的作用。

近年来，大学生创业成为热名词、社会关注的焦点。独角兽、天使、IPO、互联网、创客……日益涌现的关键词充斥着我们周围。我最为关注的还是大学生创业这个主题，近十年的工作重心和经历，也显现了自己创业指导工作的态势。

静安区域创业环境正在形成以高新科技、文化创意、国际商贸为主的人才与行业的集聚地，青年大学生比例逐年上升，国际化、多层次人才在静安有着更为广阔的舞台。回顾自己在创业指导专家志愿团的服务经历，最具代表性和重要性的部分，也是近十年与广大青年大学生的结缘。能成为他们走向事业成功的铺路石，这是对自己工作最大的激励和认可。

长期的创业服务和专家咨询工作经历，有机会更好地体验和探索青年创服工作，能从中引发出一些有益的工作思路。究竟如何定位自己的工作角色？大学生创业的目标和方向今后会有哪些变化？静安区域创业的特点等，这些一直以来缠绕在我周围的问题，如今也逐步理出了一些脉络。而用价值观指导方法论，这是我最近几年所坚持的工作指导思想，也是帮助我从事专家志愿者服务和创业公共服务的重要支撑。

所谓价值观，就是要引导青年树立正确的价值导向、明确创业定位。创业已经不再是为了生存，创业群体逐步在机会型中形成主流，知识、技能、兴趣和环境影响着一代代青年创业者，怀着对人生的美好愿望、选择创业来证明自己。

10年前，我认识了三位来到静安南西园区的大学生，他们中两位都是上海戏剧学院的应届毕业生，还有一位来自上海师范大学的女生。他们的共同点：刚踏入社会、没有经验，但知识技能突出、有较强的专业能力，怀着较强的兴趣来从事相关行业；同时，他们对创业信心满满、没有后顾之忧，只想做喜欢的事、自由地选择事业。

当初，我也曾为他们担心，是否因为前期准备不足、项目存在着较大的创业风险。经过与他们的深度交流，发现他们对创业有着一种特有的态度，把创业作为生活方式、而不是生存方式，体现出积极的人生价值观。这对于当代大学生创业群体来看，技能和知识会较大地影响创业价值观。同样，他们对成功的定义也就相对简单和直接，只要快乐和自由，后来他们三位也都成就了自己的创业梦想，成为著名的"南西三剑客"。

在这里，我们不是为了寻求创业成功的标准，而是从中启发了我的创业服务工作思路，坚定了要在创业辅导中去转变观念、迎合时代需求。

价值观正在影响和改变着时代青年，他们有着自己的梦想，许多带有独特的执业兴趣和生活态度，准确地讲，他们是想用创业改变人生、用创业选择人生。既然价值观的趋势发生了变化，我们的工作方法就要主动求变、适应这些需求和变化，具体表现在：

1. 对于青年创业者的辅导，首先要充分了解、多角度评估，掌握他们的创业动机和自身条件，才能有的放矢、做出指导计划。

2. 青年创业个性化强，既然价值观更加开放和自由，有可能项目可行性和操作性不够，需要较为可行的计划。

3. 价值观有着个人的选择，尊重同时也要充分地给予引导，帮助他们完善创业价值观和目标定位。

4. 时代发展太快，知识更新、环境变化要求我们不断充实自己，提高观察分析能力，才能更好地满足创业服务的需求。

在他们中不乏任泉这样的明星，也有王霆、杨辑那样的区域新星，大多数是通过创业丰富了自己社会和专业经验、拓展了事业人脉，更好地成就了事业目标。四年前，学导演本科刚毕业的小蔡来到静安青年孵化园，当初选择开奶茶铺，目标是独创自己的品牌、走连锁店模式。经过充分沟通，我对他的商业模式给予了技术性分析和建议，而更多的是关心他的创业动机。事实证明，小蔡通过创业想锻炼自己的组织管理和社会观察力，同时"以商养学"、为后续的研究生学业和导演生涯做好铺垫。经过 3 年多努力,小蔡拿到了第一桶金,并成功将三家品牌连锁店转让出售,再次回到了他梦想的事业舞台深造。

同样,舞美系的小周,在升入研究生学业后、选择了在静安创业,我们也是看重她的专业兴趣和执业方向,启发她在情景剧与商业活动中创建自己的盈利模式,调动戏剧专业优势资源为项目服务。通过两年的努力,她的工作室已先后承接了上海市和虹口区的政府采购大型主题活动,现联手校友创办了文化传媒公司,经历了市场和社会的磨炼,如今又走出国门、在欧洲寻找到了合作伙伴。

多年来大学生辅导的经历,让我在实践中有机会不断摸索,逐步形成自己的工作方法,坚持以价值观来指导方法论,不断更新思维模式、创造可持续的工作模式。充分调动大学生主动积极的创业态度、引导他们做好自己的事业规划,走出适合自身发展的创业之路。

企业初创期的税务实务

肖惠平
上海市创业指导专家志愿团

导师简介：肖惠平，原上海市静安区国家税务局副处级调研员。曾任发票管理科科长、税务所长、稽查征收管理科科长、纳税服务科（兼大企业管理）科长、副处级调研员职务等职务。

小微企业在初创期要走得实、走得稳，了解税务的基本常识是必然的，作为一名税务官我将工作中的案例与税制相结合作一个基本解读。

税收有三个特征：无偿性（虽然取之于民、用之于民，但并不对应）、强制性、固定性。

税收是企业成本之一，税收成本与其他成本不同，税务事项操作不当会给企业带来财产损失和声誉损失，甚至是对相关人员的刑事处理。

企业管理层和会计财务人员必须充分重视和落实企业税务管理工作，避免发生重大税务问题，保障企业健康正常发展。

以下就创业企业初创期的税务实务做一梳理。

初创期的税务事项办理

1. 新办企业税务信息补充采集：包括经营地址、办税人员、银行账号、办理银行税务企业三方协议（用于网上扣缴税税）、办理网上电子申报等。

2. 实名办税人员登记：企业法人代表、办税人员办理实名登记。对有列入黑名单人员的，将对企业购票等进行约束、控制。

【案例】某人因以前在一企业任法人代表，该企业税务未办理正常注销列入黑名单，现在新办企业税务不给予发票核定，必须将以前企业办理注销后才可以。

3. 小规模纳税人和一般纳税人申请：

（1）注意申请了一般纳税人36个月内不得改为小规模纳税人。

【案例】某服务型企业成立即申请了一般纳税人，但企业规模年营业收入仅100多万，感觉税负过高，向税局申请调整为小规模纳税人，但是按照税法规定无法更改。

（2）一般纳税人审批一般是下月生效，注意当月不要收取增值税专用发票，因为无法认证，也无法抵扣。

4. 税种税目核定：按照三证合一的经营范围，企业申请、税务核定增值税税目税率，例如，一般纳税人货物销售是17%，咨询服务是6%；小规模纳税人3%等。未核定的税目税率将无法进行纳税申报。

【案例】某企业为增值税一般纳税人，因发生企业间资金借用收取资金占用费，需要缴纳6%的增值税，但税务核定仅有17%的货物销售增值税，导致无法申报。

5. 发票开票设备登记、培训、申领：按照税种税目核定向开票设备商申请购领发票设备、参加培训。

6. 发票票种、数量、限额等的核定：根据税种税目核定，向税务机关申请发票票种、数量、限额。

7. 新办企业税收知识培训：税收政策、电子申报、网上办税服务厅操作等。

初创期企业税收管理的构架建立

1. 会计财务人员的招聘录用：可以选择专职、兼职会计或者委托有资质的代理记账公司代理记账，注意，进入税务黑名单人员不要录用，会影响企业购买发票及其他办税事项办理。

2. 会计财务人员税务管理职责的确认和落实。

3. 财务会计制度的建立和实施：

（1）制定企业货物进、销、领用、存货管理制度。

（2）制定企业资金（特别是现金）管理制度。

（3）制度企业进货、费用报销制度等。

（4）制定企业会计制度，核算制度等。

4. 发票开票的管理、人员、职责及制度的建立。

初创期企业税收优惠政策的了解

1. 增值税优惠政策：例如，企业自行开发软件销售超3%税负即征即退；小微企业增值税减免，月3万以下、季度9万以下；出口货物零税率等。

2. 企业所得税优惠政策：例如，高新企业可以申请享受企业所得税15%；软件企业可以申请享受企业所得税三免两减；研发费用可以申请享受加计扣除 75% 等。

【案例】某软件企业经审批取得软件企业证书，但是两年以前企业有利润 300 多元。软件企业三免两减规定是从获利年度开始，这样企业等于两年免税已过，只能享受一年了。

3. 个人所得税优惠政策：

（1）个人因与用人单位解除劳动关系而取得的一次性补偿收入，在当地上年职工平均工资三倍数额以内部分，免征个人所得税；

（2）《财政部国家税务总局人力资源社会保障部关于继续实施支持和促进重点群体创业就业有关税收政策的通知》（财税〔2014〕39 号）文件规定的各项减免。

企业经营期税收的日常工作

1. 税收的申报：凡是在税务局已核定过的税种税目，哪怕无税也必须按照申报日期要求按时申报，否则将产生罚款，甚至进入非正常状态。

【案例】某企业开办后，几个月无经营收入，几个月也就没有申报，但是税务税种税目已核定，造成逾期未申报，受到税务机关罚款处理。

增值税：分为小规模纳税人，一般纳税人。

（1）小规模纳税人按照不含税销售额 × 征收率为应纳税额，征收率一般为 3%。一般纳税人按照销项税减去进项税 × 税率为应纳税额，一般纳税人的税目税率掌握：17%、11%、6%、5%（简易征收）、3%。

（2）企业所得税：每季度申报预缴、掌握税前不可扣除、按照比例扣除和可以全额扣除。

（3）个人所得税：工资薪金个人所得税、劳务报酬个人所得税；股息、红利个人所得税；股权转让个人所得税。

（4）其他税收：印花税、房产税。

2. 发票的使用和管理：

（1）发票使用和管理一定要建立制度，要有专人管理，特别是增值税专用发票，一旦遗失、被盗、丢失将会受到税务机关处罚，还将影响以后企业的声誉。

【案例】某企业因增值税专用发票保管不善被遗失了多份，受到税务机关处罚，后企业招投标需要税务出具证明，证明上有了处罚记录，对企业信誉产生了一定影响。

（2）要按照《中华人民共和国发票管理办法》及其《实施细则》建立、

落实发票领用、保管、使用、缴销等人员和规定。

3. 日常涉税事项的办理：按照实名办税的要求，企业要指定专人办理涉税事项；了解熟悉网上办税服务厅的操作，为提高效率和减少资料提交，尽可能进行网上办税。

4. 税收优惠的办理：按照国务院要求，税收优惠已经由审批制改为备案制，这就要求企业自行了解掌握适合的优惠政策。同时要注意备案制以后，要严格核对文件规定配比条件，保存好备查资料，税务机关会加强后续管理和检查，一旦不符合要求将产生补税和滞纳金甚至罚款。

5. 年度所得税汇算清缴：企业所得税实行的是季度预缴，年度清算制度，第二年3—5月汇算清缴。汇算清缴是按照会计年报的会计利润，并按照企业所得税税前扣除规定进行纳税调整，调增或者调减纳税所得额，再按照预交所得税额进行多退少补。

【注意】① 企业所得税收入和会计报表收入、增值税申报收入、发票开票收入的匹配；② 5月底前完成申报，并注意接收申报系统的疑点提示，期间有问题是可以调整申报的；③ 6月1日以后，税务机关会进行数据比对，开展所得税后续管理，一旦发现问题将产生补税以及加收每天万分之五的滞纳金。

6. 股权变更和转让：初创企业如果存续一般都会发生股权变更，变更其实就是转让，就会发生税收义务。

（1）自然人股权转让的税收计算。会计报表的净资产减去实收资本为溢价，股权转让个人所得税为溢价按照转让比例的20%，纳税义务人为转出股权的自然人。

（2）如果是公司股东，转让收益合并到公司利润，按照规定计算企业所得税。

（3）非货币投资可以申请分五年缴纳税收。

财务人员的税收知识学习和税收管理

1. 税收知识的学习方法。
2. 对税务机关管理的了解。
3. 企业税务管理的要点。

税务风险的防范和税收的筹划

1. 企业管理层的重视：
（1）企业税务风险点的梳理。

（2）建立税务风险防范内部管理机制（沟通、备案、会签、商讨、协调）。

（3）指导、帮助财务协调外部涉税事务处理。

2. 会计财务人员的理念、方法要与时俱进：

（1）学习方法的改变　通过税务网站、微信及时获取信息。

（2）咨询的渠道建立　① 学会税务咨询的分类：按照政策以文件为主、程序以分局公布的或者咨询分局12366热线为主、操作电子申报、发票开票等以咨询服务商为主。② 同行业务群的建立。③ 复杂、风险性高的问题的专业论证。

（3）内部学习制度的建立和落实　① 建立政策、流程、操作相关文件、资料的收集制度。② 三星分类学习方法。一星浏览、二星解读、三星研讨。③ 公司内部相关部门涉税业务的制度管理和辅导培训。④ 税务知识库的建立。

（4）财务人员对公司经营业务的学习、熟悉和管理结合。

3. 税收的筹划和合法避税：

（1）税收优惠政策的享受　① 高新企业：企业所得税15%。② 软件企业：企业所得税三免两减。③ 研发费用加计扣除75%。④ 软件企业销售产品：增值税即征即退。⑤ 小微企业：增值税减免：月3万以下、季度9万以下；企业所得税优惠：所得额50万以下按照50%×20%税率征收（包括核定征收企业）。

（2）政府的奖励、补贴的享受

1）按照缴税的财政奖励、房租补贴等。

2）科委：小巨人奖励、科技项目奖励等。

3）发改委：国家鼓励项目、创新项目等。

（3）公司税收核算中的筹划、应用　企业会计财务人员对税务实务的学习和掌握。

4. 增值税发票风险的防范：

虚开增值税专用发票或者虚开用于骗取出口退税、抵扣税款的其他发票的，处三年以下有期徒刑或者拘役，并处二万元以上二十万元以下罚金；虚开的税款数额较大或者有其他严重情节的，处三年以上十年以下有期徒刑，并处五万元以上五十万元以下罚金；虚开的税款数额巨大或者有其他特别严重情节的，处十年以上有期徒刑或者无期徒刑，并处五万元以上五十万元以下罚金或者没收。

【案例】某企业经营发展相当好，已有上市公司准备并购。公安经侦部门这时找到企业,对该企业两年前收取的一批增值税专用发票进行调查,结果发现 100 多万税款的进项发票是无业务的虚抵发票。企业受到补税、滞纳金、罚款处理,董事长被判八年刑期,企业并购也被迫停止。

上述对案例与税制的解读我们从中可以看出,要想企业起步走得稳,依法行事很重要。

手拉手，创业
你不是孤身一人

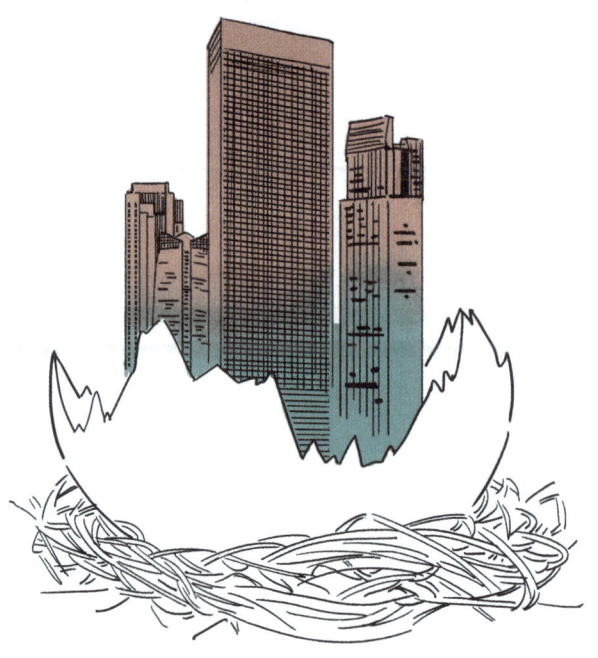

孵化园

37°C——破壳最合适的温度

JIEC：汇聚创新能量　服务创业企业

作者：王健
　　　聚能湾创新创业中心
　　　总经理

市北高新是坐落在静安北部，占地 3.13 平方公里，拥有近一千八百家企业入驻的创新创业园。其中，一个把城市的繁华与园林的恬静完美结合在一起的园中园是聚能湾创新创业孵化园，孵化园面积达一万二千平方米，是一个高楼林立、环境优美、绿树成荫、碧波荡漾、天鹅戏水、服务配套、功能齐全的现代科技型创新创业孵化园，经过多年的精心经营和良好的软硬环境营造，形成了独特的园区服务，取得了很好的成效。

创新服务载体、集聚服务能量

推行创初小微企业入园评审是一种促进机制。评审是帮助企业完善商业模式，对科技成果转化和市场进行综合分析，帮助入园企业渡过初创期；推进创业服务平台建设，精心打造"牵手发展沙龙"成为展示企业、培训企业、对接政策、整合服务资源的重要方式；在专业服务上，由园区发起的新一代信息技术产业联盟正成为园区产业集群、创新集群的雏形已经形成机制。此外，园区还积极引进专业服务资源，比如引荐创业导师与创业企业结对帮扶，与法律事务机构、知识产权、行业协会、税务师事务所、各类银行、风险投资机构等结成合作伙伴，为入园小微企业在每个发展阶段提供更加贴切的增值服务，园区还引进了职业技术培训、软件安全检测等专业服务平台，成为专业企业发展的重要支撑。

创业服务管理呈现与区域经济发展战略性布局相匹配。管理团队更具专业性，商务服务、技术支持、专家配置、就业服务等八大功能落地；产业更具集聚性，科技信息产业、现代服务业、人力资源产业等五大产业紧扣区域经济发展的要素；产品延伸开发更具时代性，产业深度开发紧跟市场需求，惠及民生；小苗孵化更具成活性，看准产业选准苗，政策风险投资加入增添活力；信息化服务具有创新性，大大提升公共服务的能级，未来的经济与社会效果已经显现；示范性园区的个性优势，服务创新、服务专业、服务职业，

服务管理具前瞻性。

因此，服务载体基础扎实程度决定了园区发展的能量，能量的集聚更加促进了园区的深度发展。

向创业者学习、与其共同成长

整合式孵化服务平台是在服务过程中学习形成的。"牵手政策、牵手资本、牵手人才、牵手伙伴"是帮助在孵小微企业达到自身发展的重要环节，从选择适用的小微企业服务方式为出发点，切实整合解决小微企业在发展阶段最迫切需要的各类资源对接，"四牵手"的做法如下。

一是牵手政策。邀请市区科委、环保局、物联网产业联盟的人员讲授相关产业政策；邀请市区人力资源扶持创业的专业部门解读扶持创业政策和人才引进政策；邀请市区税务部门人员宣传小微企业的税务政策。通过组织一系列政策培训会，帮助企业了解与对接政策归口部门，紧贴企业发展，帮助企业规划政策落实条件，做到因企而宜，因势利导，帮助符合条件的在孵企业申请各类补贴资金，降低小微企业创业成本。

上海网商电子商务有限公司是首家从事淘宝商城汽车及汽车配件类目的店铺，主要服务企业品牌：别克、兰博基尼、荣威、雪佛兰、标志等。企业2011年进入孵化器，被孵化器一致认定为商业模式取胜的企业，在进入孵化器的初期，企业定位是为淘宝上开店的店主提供解决方案的企业，希望将电子商务大潮中的淘宝开店技巧发扬光大，当时的一年企业举步维艰，企业定位较为模糊,没有清晰的主业支撑,在孵化器辅导员的指点下,帮助企业逐渐拨开迷雾,找到以汽车领域为主要的业务方向,帮助推进核心商业模式的策划引流,业务逐渐好了起来。

同时还帮助企业做好科技项目规划,提升企业的自主研发能力及知识产权布局。在企业发展的同步,孵化器推荐知识产权代理公司,帮助网商电子商务申报与其业务相关的软件系统获得6项软件著作权;帮助企业制定申报创新资金项目、高新技术企业的项目规划,获得初创企业的创新资金项目;帮助企业成功申报高新技术企业的称号,2015年获得"小巨人培育企业"荣誉。

二是牵手资本。邀请从事债券融资的银行、担保公司、小额贷款公司与有融资需求的企业合作,解决企业流动资金短缺、账期过长等带来的发展问题;邀请从事股权融资的天使投资、产业投资资本和风险投资资本与企业对接,增进资本与项目之间的互相了解;邀请投融资、法律、咨询、产业、财务方面的市级导师与孵化器重点企业签订合作协议,孵化器安排辅导员与特色企业签订带教协议。形成以孵化器为原始投资、以市北科投为风险投资、以市北股份为股权投资骨干,以其他投资机构为补充的直接融资制度;形成以早期创业贷款,中期科技信用贷款、政策担保贷款为主导的间接融资制度;形成上市补贴机制。

上海斌瑞检测技术有限公司是专业从事锅炉压力容器、船舶、冶金化工等无损检测的科技创新企业。2010年进入孵化器之后,该公司运用其丰富的市场渠道和市场开拓能力,逐步发展壮大起来,园区多次帮助企业推进多层次融资。2011年初,斌瑞公司承接到了江苏熔盛集团价值500多万元的检测工程和检测设备采购的业务,企业发展还在创业初期,还处于亏损阶段,这给融资带来极大困难。针对这一情况,园区当即深入地融资调研,为放贷单位提供最透明、最真实的企业和创业者的情况,最终获得相应的融资。这是"轻资产、刚起步"企业的"发展之踵"。

三是牵手人才。营造环境,广纳海外人才,进的来,留得住;与上海大学、行健学院、上海师范大学合作,帮助初创企业推荐专业人才;吸引高端人才,帮助企业建立院士专家工作站,解决企业发展中的技术支撑的问题。目前园区创业孵化项目和人才引进已在美国加州旧金山湾园建立平台,方便国际国内人才流动,提升园区发展的软实力。

四是牵手伙伴。为入孵企业提供相互交流、相互探讨发展的平台,牵线搭桥提供技术合作、市场合作、人才合作的商业机会;引入外来的合作伙伴,包括专业服务,如法律、税务筹划、人力资源服务,提供及时的咨询服务;

同时也为入孵企业推销产品和服务的场所。"聚能湾下午茶"活动提高了企业间的紧密联系，以推荐和推广企业价值的"聚能湾分享时刻"路演会，加强企业与资本间的合作，以专业服务联盟为特色的"聚能湾O2O联盟"给予企业极大的技术支持。

路演企业果粒网国际旅行社有限公司推行的朋游APP项目在上海781个初选项目中，作为八位年度创业英雄之一，参加了CCTV2组织的创业英雄汇项目，并当场被同方创投率先"抢投"，朋游APP也成为当日录制的两期节目中唯一一个被"抢投"的企业。

四牵手服务模式是经过实践证明的有效服务小微企业的特色。

孵化成效显著、又在起跑线上

2012年以来，经专家评审入驻项目311个项目、通过入驻园区孵化的小微企业203家，其中创业企业海归人数104名，小微企业累计提供就业岗位数4 199个；所属行业为：信息技术类企业82.6%、节能环保及新材料类企业7.6%、生物医药及其他类企业9.8%，近三年累计总税额高达1.76亿元，申请知识产权数343项，为企业投融资总额6亿元。获得的资质及各类荣誉有：高新技术企业20家、高新技术成果转化项目13项、双软企业27家、创新资金37家、小巨人或小巨人培育企业3家、创业明星企业19家、创业领军人物11家。2016年市北聚能湾孵化园区已被国家人社部评为"国家级创业孵化示范基地"。

由此可见，以提高服务价值为核心，完善园区特色服务平台为目标，实现服务资源的集成，为企业提供增值服务，使园区战略性新兴产业和高新技术产业产值比重不断提高，科技创新已经成为园区推进内涵发展的重要力量。

创业服务一直在路上。

P2：联合办公先驱者　智能办公践行者

作者：李国华
　　联合创业办公社
　　商务总监

说起联合创业办公社，不得不先说说 P2 的创始人郑健灵（Bob Zheng）。他是 80 后海归，在将他"留学 OK"项目转手后，空出来的办公室启迪了他对空间"再利用"的想法。2010 年联合创业办公社（P2）诞生了。嗣后大洋彼岸的美国也成立了 Wework，这一"无心插柳"的创业之举，奠定了 P2 国内创立最早、目前规模最大的联合办公空间服务商之一。

联合企业办公社成立后，怎样让一个空间不仅只是一个空间？在空间里的人如何彼此发生化学反应？入驻的企业如何做到互通和互融性？怎样才是共享型的联合办公生态链？空间的运营如何持续有效等，这些都是郑健灵脑海里所思所想的问题。诚如 P2 的口号：Space for People，那寓意人与人的 n 次方叠加所能聚集的效应超越 1+1 大于等于 2 的效果。

不忘初心，对作为本身是创业者的郑健灵来说，如何更好地满足中小微企业快速成长的发展需求，就要从当下传统型办公租赁模式中找到痛点。传统型办公租赁成本高、装修置换成本高、办公环境封闭、资源信息匮乏，再加之交通与地理位置的难以两全其美，挽留住人才的尴尬窘境等痛点。如何弥补解决这些痛点呢？

（1）首先要解决传统租赁办公高额且固定的租金成本，我们空间租金分为四种，即个人、团队、独立 Lab 及新车间的模式；

（2）选择交通位置便利优越的创业集聚地。这对于早期的创业团队无疑是从交通、企业留住人才都具有明显的成本优势；

（3）办公空间除有功能性外，还要适当增加共享空间、娱乐休闲等区域。我们采用这种设计理念和元素，使得空间尽可能符合适应青年创业团队所需求的物理空间元素；

（4）P2 的每一个空间几乎都是全透明的，亦有随意拆分组合的办公空间。这样既能适应团队规模的变化，又能使各个创业者的活动、分享会、资源信息的分享和空间社区文化的形成；

（5）作为创业者的郑健灵，感同身受懂得创业者的需求。初创的小微企业不仅要有良好的创业物理空间，还需要对初创者施予财务、法务、社保、工商注册等诸多方面的帮助和支持，让他们共享这些资源，少走弯路；

（6）充实 P2 空间内涵，优化集聚效应。每月平均在空间组织 20 场次的形式多样的社区活动，例如风投基金的对接，大咖主题分享会等，使空间得到最佳的社区生态链。

联合创业办公社随着"双创"浪潮的迅猛发展，在短短的几年里，就在上海、北京、深圳、宁波、杭州、成都等城市建立布局了 25 个空间，服务 500 多家企业，拥有超过 20 000 名会员，空间面积约 30 000 平方米，入驻团队已达到 250 多家。诸如我们熟知的创业公司：足迹、周末去哪儿、新车间、中国加速、小猪短租、生意专家、创客星球、魔方公寓等都是从 P2 空间茁壮成长或已走出去的公司，团队累计风投 IPO 融资超过 2 亿人民币，为今后 P2 的发展有效地获得社会各界创业团队的关注增加了厚厚的筹码。

2015 年 12 月，由 P2 联合上海万科、克而瑞共同发起全球最大的联合办公主题产业峰会——"GCUC"（全球联合办公峰会），在上海静安 800 秀成功举办。峰会吸引 500 多名参与者到场观摩，近 50 位国内外多行业的先驱和领跑者出席。在峰会上成立了"联合办公行业联盟"，以求引领中国联合办公产业向更好更健康的方向发展。

2016年4月，P2与Google for Entrepreneurs（GFE）在北京召开了发布会，并宣布加入全球创业网络，在上海、北京各设一个GFE Network Hub。由此P2会员都可以享受到GFE遍布全球125个国家的创业网络中心。其由P2推选的Castbox在今年谷歌全球Demoday上从800支团队中脱颖而出，获得冠军，并获Google Play 2016年用户增长速度最快的前三名APP。

2017年3月在杭州召开的"智慧建筑（IB）峰会"，倡导以建筑物理空间为载体，运用物联网、云计算等基数，赋予建筑感知、思考及服务的能力，打造服务未来的智慧建筑。在峰会上，P2创始人郑健灵携手阿里巴巴智慧建筑发起人，资深总监汪涛宣布：双方联合发布了全球第一款未来智能联合办公概念空间——神鲸。该空间作为智慧建筑的首个起点项目已落户深圳阿里中心。新一代联合办公概念空间"神鲸"为整个联合办公行业智能化、信息化、大数据建立了新的标杆。"神鲸"空间囊括了智慧建筑软硬件一体化的各种雏形应用，包括人脸识别、一键投屏、视频会议、云打印、云扫描、室内导航寻车、在线预订空间、手机租金支付、智能邮局等元素。

郑健灵曾这样说："提到智慧建筑，人们往往第一会联想到酒店，在过去10年间，智能设备在酒店中的应用场景得到了广泛应用，下一个智能空间升级将会由联合办公来引爆。用户感知、交互、数据服务、自我适应等必将深远影响未来整个办公行业的升级和提升。"联合办公空间的2.0版向3.0版智能化、信息化方向迈进了，那么联合办公空间更先进的互联网智能化、大数据，也就是智能4.0版还会远吗？

坐落在上海静安区南京西路1486号的东海广场，是P2联合创业办公社的总部，即"上海创客中心"。2015年受到了国家和市区两级各部委领导的高度关注和重视，多次莅临"上海创客中心"参观指导，并召开现场办公座谈会。

联合创业办公社发展期间：

2015年首批获得了上海市科委"众创空间"示范基地。

2016年获得了张江国家自主创新示范区。

2016年获得了上海市人力资源和社会保障局"市级创业孵化示范基地"称号。

联合创业办公社在不断探索发展着，由创始人率领的P2团队在今后的发展道路上必将取得更大辉煌的成就。

XNode：用国际化角度，专注服务创业者

节选自《中国孵化器》2017年第六期

作者：和瑾

X是未知数的代号、node在英语当中是"节点"的意思。在光学、电路、机械等领域中，节点作为其中的术语有着不同的意义，但都表示着连接事与事、物与物的接触点，是原本不相干事物的交汇处。而让未知与未知相聚汇，进而擦撞出无限创意的火花，便是XNode这个节点"聚众者之力，圆创者初心"的目标。

XNode聚合全球创新资源打造创客社群

筑巢引凤实现创极无限：

XNode众创空间成立于2015年5月，是诞生于上海、扎根上海的创业空间与创业加速器，依托上海地产集团、日本德勤、金杜律师事务所、极客邦科技等国际化、专业化资源，致力于营造最具国际化背景与专业性指导的创业社区，为创业者提供专业化、市场化、国际化的服务。

2015年6月，XNode创始人周炜在杨浦区湾谷科技园和静安寺华侨大厦，以极为贴合年轻人审美的简约、时尚、休闲风格打造了XNode的首批店面，并依托自己从2011年起连任国际非营利机构EO创业家协会上海分会董事会成员的资源优势，大手笔引入了20多支外国创业者种子团队。

2015年11月15日，位于静安区华侨大厦的XNode静安空间开业，来自中国、美国、加拿大、日本、韩国、挪威、澳大利亚、荷兰、德国等超过十八个国家与地区的近两百名创业者汇聚其中，其中已经注册公司并在国内开展业务的团队有超过五十家，行业涵盖互联网、智能硬件、动漫、教育、家装、人工智能、社交平台、制造业等。除了高质量的创业团队，这里还有来自挪威、香港等全球各地的独立设计师、程序员、视频编辑师、心理咨询师等有趣的自由职业者，一个充满活力、创意、无限潜能的国际化创业社区已经在这里初步形成。

XNode的国际化视野和高端定位与该公司高管层的从业经历密不可分，

XNode 创始人周炜曾任罗兰贝格公司的资深咨询顾问，并自创母基金投身资本市场，积累了从投资到咨询的全方位创业资源，另一名高管来自麦肯锡。他们的创业目标，就是要打造立足于上海的国际化创业者社群。

稳扎猛打迎来硕果累累：

经过仅仅一年多的发展，XNode 已经与韩国 D. Camp、日本 DMM.Make、香港数码港、芬兰国家创新局（Tekes）、瑞士科技文化中心（Swissnex）、法国 Cap digital 等海内外数十个孵化器与孵化机构建立密切合作，举办了一百多场高质量创业活动，其中约 70% 为英文活动，20% 为中文活动，10% 为日文活动，充分体现了国际化创业资源汇聚的特色，服务创业者五千余人次，还与 Google、法国安盛、罗兰贝格等全球知名企业联合举办了 2015 全国大学生训练营、法国安盛全球创新年会、罗兰贝格创新开放日等大型活动。

一年多来，前来参与行业研究调研的机构包括上海社科院、上海市经信委研究处、易居研究院、浦东创新研究院、中国科技产业化促进会等若干个行业内研究机构，分别从产业集聚、创新要素挖掘、国际化特色等角度对 XNode 进行调研，还与空间中的若干创业团队进行了深入交流。

2016 年 9 月，澳大利亚创客基地在 XNode 静安空间正式揭幕，该项目由澳大利亚政府发起，在全球选择五座城市成立创客基地，为来自澳大利亚的创业者提供落地加速服务。XNode 能够代表上海、代表中国获得这一项目，充分肯定了 XNode 的国际化发展成就与创业加速服务质量。

2016 年 12 月，XNode 作为上海市科委指定的孵化基地之一，为两支来自立陶宛的创业团队提供为期两周的预孵化服务，帮助其了解中国市场与创业生态，获得了高度评价。

2016 年 12 月 28 日，XNode 张江空间正式开幕，该空间由 XNode 与张江集团共同打造，总面积超过八千平方米，依托张江集团的资源积累与 XNode 国际化创业社群，该空间将会成为坐落在张江科技城中的创业生态旗舰项目。

2017 年 1 月，XNode 与闵虹集团共同打造的零号湾·XNode@ 虹桥也即将开放，该项目坐落在虹桥开发区核心位置，周围领馆环绕，将重点聚焦跨境电商、零售创意等行业。

XNode 深度服务创业者开拓新盈利模式

积聚各方优势深度服务：

在 XNode 创始人周炜看来，与海外知名孵化器及官方机构的直接合作，

非创不可 创业我有料 你有梦想吗

有利于引入对方的优质团队，让 XNode 能从更高的起点上发展。与高标准相对应的，XNode 成立不久便聚集了国内外知名创业导师、风险投资机构、合作媒体等优势资源。为保证服务质量，XNode 与国内外所有创业导师都签订了合作协议，每个月保证出席一定数量的 XNode 创业活动，否则将从导师名单中除名。

在对接投融资服务方面，为了给中外创业者提供更加实际的支持，XNode 也定期举办路演，邀请优质投资机构来参加，并提供参与国际路演的机会与平台，以便创业者更方便与投资机构面对面互动，提高获得投资的可能性。

在加速服务方面，作为致力于国际化与专业化发展道路的加速器，XNode 一直努力帮助来自世界各地的创业者在上海落地加速，所以，除了基本的联合办公空间服务之外，XNode 还为创业者量身定做了"Xelerator"落地加速服务。

在提供技术交流服务方面，XNode 特设立中国技术开放日，中国技术开放日是 XNode 与国内领先的 IT 技术服务提供商——极客邦科技联合成立的国际技术交流平台，旨在带领中国一流互联网企业的技术高管访问国外孵化器、高校、大企业等，进行最直观的交流与学习，向国际舞台展示中国创新力量。2016 年 5 月，中国技术开放日启程日本，XNode 作为战略合作伙伴全程深度参与，为整个行程对接日本当地创业社群、大企业、高校等，在日本当地获得巨大反响。2016 年 12 月，中国技术开放日再次来到美国，XNode 作为联合主办方对接美国创业生态，并在硅谷核心地带举行了近千人参与的中国技术论坛，参与成员包括来自阿里巴巴、锤子科技、拉勾网、长虹电器、香港医院管理局、TCL 集团、饿了么等公司的 CTO 与技术总监等。

在媒体宣传方面，XNode 与动点科技合作，动点科技是全球最具影响力的中英双语科技媒体，也是 TechCrunch 在中国唯一的官方合作伙伴，XNode 内孵化的诸多企业都经过动点科技的报道将信息输送到国内外科技界，给创业企业提供了更多曝光机会。

除了为创业者提供优质导师、对接投融资服务以及高曝光率，XNode 还打造公益性创业系列服务品牌"小桔灯计划"。

"小桔灯计划"源自冰心奶奶的《小桔灯》，希望通过走进学校，把创新创业的力量传递到学生心中，为他们点亮一盏盏成长路上的创新之灯。在过去一年中，XNode 与来自上海交通大学、同济大学、上海纽约大学、上海美国学校、上海科技大学、新加坡国立大学、昆士兰科技大学、曼彻斯特商学院等中外学校的学生们举行了近二十场专场活动,活动形式涵盖专场讲座、实践学习、创业指导、专场课程等,这些学生们有大学生、高中生,也有 MBA、留学生、交换生等,每一次活动都精心准备,由来自 XNode 的导师、创业者、行业专家等为学生们带来高质量的内容,获得了热烈反响。

借此契机,XNode 与沪上诸多名校建立起良好的合作关系,并在课程合作、实习生招募、协助校园实践、担任创业大赛评委等方面继续深入合作。目前 XNode 已经与上海科技大学创业管理学院正式确认,在 XNode 张江空间中设立上海科技大学创业实训基地,让创业创新的精神进一步落到实处。

所有小桔灯计划系列活动均属于公益性服务项目,XNode 不仅无偿贡献导师、场地、专家等资源,还将整个 XNode 创新生态资源向大学开放,目的就是希望能为这些未来的创业家们带来有意义的帮助与启发。

【主角的话】

周　炜　XNode 创始人

XNode 算是后起步的一家公司,P2 是鼻祖级的众创空间。XNode 更多的是想做一个创业企业的加速器,而且当中比较特殊的定位是说,希望能够做一个中国和海外对接的桥梁。目前我们这里面差不多一半是海外创业者,其中也包括澳大利亚政府创客基地这样的国家级项目也落在我们这里。XNode 更多的是想通过这个空间,把海内外的创业者聚集在这个平台上,为他们提供加速的服务,更多的是以服务为主的空间。

世界瞬息万变,大企业的创新变革,比其他任何时代都来得紧迫。因此我们建立起连接大企业与创业社群的桥梁,致力于凝聚优秀的创业者与大企业内部创新团队,让彼此充分发挥所长。其实我也曾面临过扩大地盘的疑惑,但质量的增长比数量更重要,XNode 最后决定扎根于上海,从上海起步,成为这个城市改变的力量之一,借助上海的最多国际型企业,最国际化的城市,做一个自己特殊的定位。

科技企业孵化器的发展之路

作者：刘乐静
　　　上海市静安区科技创业中心
　　　主任

上海市静安区科技创业中心是培育中小科技企业、促进科技成果产业化的社会公益性科技服务机构。通过多年的努力工作，2009年9月通过国家科技部评审，获得"国家高新技术创业服务中心"的称号，2013年获得上海市人力资源和社会保障局认定的首批"上海市创新创业孵化示范基地"，同年又获得上海市知识产权局认定的"上海市知识产权试点园区"。

我们的主要功能定位是以"促进高新成果转化、培育科技型中小企业和企业家，促进创业带动就业，增加地方税收"为目标。

入孵的企业可以享受到市、区层面的产业政策扶持，以及市、区人社局有关的创业扶持政策，中心与全市各知名大学的相关专业学院、中科院及各研究所保持长期合作，积极对接大企业资源，为小企业提供从政策、技术、人才和市场的各类资源网络的对接与支持。

经过多年发展，我们提出"精准孵化"运营管理模式，要求入孵的项目必须满足三个条件其中之一：一是创始人在本行业有多年的从业经验，并且有天使投资人（专业的VC投资机构）投资款不低于200万元的科技项目；二是母公司是成立10年以上大企业（上市公司优先），母公司在行业内有一定知名度和规模，预成立围绕企业产业关联性高的科技研发类公司，属于大企业创新项目；三是具备一定国际领先技术的创新能力，拥有对最新技术持续研发能力的团队。其目的是为了加快科技成果转化，为此，我们聘请了在专业技术、行业信息、市场营销和投融资领域有丰富经验的专业人士，作为中心创业导师团的导师，为入孵项目提供专业程度高的全程孵化服务。针对每一个创业项目的特性，为企业在每一个创业发展阶段进行"精准"的扶持政策和外部资源网络的对接与配套服务，优化创业孵化环境，帮助创业项目降低创业成本，加速成长周期，提高创业成功率。

截至2016年12月31日，中心累计孵化企业426家、孵化毕业企业49家、高新技术企业19家、高新成果转化项目33项、软件企业35家、小巨人

国家高新技术创业服务中心
上海市静安区科技创业中心

/ 非创不可 /
创业我有料 你有梦想吗

及培育企业9家、专利工作示范企业1家、国家知识产权优势企业1家，新三板上市企业3家、上海股交中心上市企业1家，专利授权总量583项、软件著作权及商标592项，有161家企业分别获得国家、地方类政府项目资助资金总计达到4 364万元，年技工贸总值9.8亿元、创业企业带动就业6 063人、为企业解决投融资资金5.33亿元。

静安科创中心已走过了30个春秋。在不断积极探索和学习借鉴国外孵化器的先进管理经验与成功模式，不断积极的思考哪些才是符合我国国情、适合中国创业者的孵化模式中前进着，特别是经过近十多年来的发展，积累大量的孵化企业案例，充分了解到孵化企业的真实服务需求，经过持续地为初创期中小科技企业解决在发展过程中遇到的诸多瓶颈问题，中心自身也得到了孵化服务能力的快速提升，孵化服务体系得到了进一步完善。比如：中心充分整合和配置相应的政策资源、专家资源、人才资源、技术资源、市场资源和融资手段，系统和全方位地为中小型科技企业提供创业过程中所需要的专业服务。建立十大公共服务子平台：科技项目孵化基础服务平台、科技型人才资源服务平台、科技型企业投融资服务平台、知识产权服务平台、专业技术信息资源服务平台、专题系列培训服务平台、特色产业信息交流服务平台、孵化器管理人员专业能力培训和测试平台、孵化项目和物业载体资源信息共享服务平台、短信、微信及邮件信息推送平台等，推进多家孵化基地的团队建设、提升孵化服务能力，为多个孵化地的快速成长和运营保障提供了多方资源的共享。

随着孵化器管理模式的不断发展完善，我们将紧紧围绕做强做优科技企业孵化器为目标，积极提升全区整体孵化器的服务能力，推进区内孵化公共服务平台建设，加强与区内相关园区联手共建、优势互补，打造从专业孵化到综合孵化、多元孵化，各显所长的联动共享机制。同时，整合孵化服务优势资源，为初创企业提供所需的社会资源，为企业与政府部门、科研院所间相互架接，以解决企业人才短缺、技术持续性创新等问题，以实现最大范围、最优配置的服务、技术、资金等资源的共享，促进本区的科技企业孵化器健康发展。

外国友人

"歪果仁"也来静安创业啦

我和力德的冒险之旅

艾思哲
上海力德人才服务有限公司
作者：艾思哲、赵娴

创业人物： 艾思哲（Serge Ajamian），力德国际亚太区战略副总监。Serge身为力德核心领导成员，曾在中东生活工作10余年，分别在北美、东亚居住了8年和7年。其主要在大中华和亚太地区拥有十多年战略性业务发展经验，精通招聘、人力资源外包和业务流程外包服务。

2007年，我来到中国上海，怀着期待和忐忑踏上全新的人生旅程。此时，全球金融风暴的威力已初见端倪，而我在中国的生活才刚刚展开。

2008年，全球就业市场普遍遭遇了寒冬，但在中国的就业市场上，求职者们却迎来了更多元化、更丰富的选择空间。外资企业优势调整、国有企业深化改革、民营企业更是如雨后春笋般涌现，成为市场竞争中不可小觑的力量。而中国政府对市场公平、公正的引导机制，让身为外籍人士的我既能在自己熟悉的外企文化里遨游，又能去中国本土企业一探真容，感受全新的工作氛围。初来乍到，语言不通，不熟悉中国文化，急于融入人群，半理解、半猜测地接受着外界信息；细心感受着当下，同时又有隐隐的担心。我想每一个初到陌生地方的人多多少少都会有一些不安全感。当然，这种不安全感很快就被一种新鲜的、向上的推动力取代了。这片土地的包容、开放和人性化正一点一滴地打动我的内心，我渐渐有了安全感。于是，我做出了一个从未有过的决定——在中国工作了一段时间后，我选择了一家中国本土的初创企业，和初创企业一起成长发展，面对风雨，不仅是就业那么简单，更是一个创业的艰辛历程，我和力德的冒险之旅就此开展。

Talent Spot——这家就是我目前效力的企业。

为何说这是一段冒险？如果你现在走进Talent Spot，看到开阔的办公空间、可以容纳近一百人的会议室、西装革履自信满满的员工们，每天和海外的同事们开展的电话会议……你一定想不到，在2009年，它刚刚创立时，只有一间小小的办公空间，我们的老板一人身兼多职。但是，我还是毫不犹豫地成为 Talent Spot 的一员。我至今仍然清晰地记得面试时的一幕幕：我的老板低调质朴，却非常具有商业头脑，尤其是他说过的一句话，让我记忆犹新。"虽然，我们目前不是行业内的大企业，但是我们不会也不能降低服务的标准，因为我要对客户负责，也要对员工负责。"我想，这也许就是中国企业家的风范吧，严格要求，客户至上，但是，当时我并没有理解他说的"对员工负责"到底有什么深意。

我在 Talent Spot 的工作就这样开展了。很快，身边的同事渐渐多了起来，我也开始组建自己的团队。不得不说，每过一个阶段，公司都有新的气象。首先从分工上来说，经过了快速成长，团队成员们在日常工作中各司其职，职责明确，但在任务紧急时，却能发挥中国人特有的"集中力量办大事"的精神，确保每个人都能发挥所长，推动公司的业务增长；而在平时，当任何一个人的工作或生活出现问题时，团队里的其他成员又会施以援手，绝不会冷眼旁观。这大概就是中国本土成长型企业特有的一种"气质"。

随着企业的发展，我的职位不断上升，部门成员越来越多，和其他部门同事的接触也逐渐增多。这时候，我却发现了问题。随着 90 后成为员工主体，公司也开始有了全新的活力，但同时，90 后员工们普遍追求新鲜感，不喜欢受约束，有一些人甚至……用中国的老话说，"这山望着那山高"。每次有新员工加入，公司总要花费大量的时间分阶段培训，除了业务培训，职场软技能培训，还会让老员工特地选择一些项目，带教、锻炼新人。经过这样的培训，许多新员工在短短几个月内就成为业务能手，比如我们部门半数以上的中层经理，都是内部晋升上来的。但是，仍然有一些员工会选择离开。我认为这样一来，公司花费的培训和教育成本就打了水漂，甚至是在"为他人作嫁衣"。我向老板提出了一个建议：我们在设立培训机制时，应该评估一下得失。是否可以规定：只有在公司服务满一定年限后，才能享受培训？

这个建议被老板拒绝了。他说：哪怕加入公司 1 天，也是公司的员工，与公司荣辱与共，员工把时间和精力奉献给公司，公司就应该不遗余力地培养他，让他成长。我当然不服气，"你培养他，他却离开去为别人服务了。"老板回答，"不论为哪家企业服务，他都是在为这个社会做贡献，我们培养员工，就是在回馈社会。"我心中突然又回想起了对他的第一印象：中国企业家的风范。我也感悟到了，他说的对员工负责，应该就是对这个社会负责吧。

我对中国企业的独特气质又有了新的理解，那就是豁达、有胸怀、怀有大爱吧。企业是国家的小单元，中国的国家主席习近平曾提到过"中国梦"，其中有一个理念：中国梦，不仅属于中国，更属于全世界，要把本国人民的利益与全世界人民的利益联系结合起来，这体现的就是博大的胸怀。对企业来说，就是包容多元文化、丰富员工群体构成，用一个英文单词来形容是"Diversity"。

如今，公司业务已经遍布亚太地区，今年又将进军欧美市场。这家起步于静安、生长于静安的企业，以一种难以想象的速度腾飞着。过去的几年中，静安区政府积极响应国家政府的号召，大力开展"双创"事业，又有许多新兴的企业开始勃发强大的生命力，又有许多全新的岗位等待着"社会新鲜人"和"职场老司机"来一展宏图。尤其在两区合并之后，静安区一直在聚合两区优势，促进区内企业合作，也在提升着企业员工的职场和社交能力。在这个过程中，我们的老板不止一次地感恩着静安区政府的扶持和关怀。无论在它的初创期，还是成长期，都受到过静安区政府在政策上的优惠，在人力上的帮助，以及润物细无声的精神鼓励。

Talent Spot 应该是较早一批沐浴到"双创"雨露的企业，在企业的成长过程中，我们所有人都深深地感受到，公司能在八年的时间里走向海外，得益于这股来自社会和政府的推动力量。与此同时，我们的职业发展也得益于这股推动力。2016年，在静安区政府的支持下，Talent Spot 推出了全新的互联网平台，在这个平台上，又催生了许多不同于传统业务的岗位，影响着企业培育员工的方式。我发现，公司的员工愈加年轻化、业务技能也在不断更新，公司内部和我一样的外籍人士也越来越多，员工结构的多样性也让企业焕发出了全新的活力。而我们公司作为静安区促进就业的标杆企业，影响着越来越多的初创企业，在政府提供的资源平台上，积极挖掘自身优势，创造更多的发展空间，造福员工，回馈社会。

在上海的第十年，我又对自己的公司有了全新的认知，它不仅成长快、凝聚力强，并且搭建平台促进员工成长，为社会创造价值；在上海的第十年，我对自己所工作、生活的静安区也有了全新的感知，是它的关爱和支持，让区内企业从无到有，从有到优；在上海的第十年，我对这个城市也有了全新的理解，它不仅海纳百川、容四方客，而且敞开博大的胸怀，让优秀的人才、企业走出去，去交流、去学习、去带动整个社会经济前进的步伐，将"中国梦"连接你我他。

中国著名社会学家费孝通曾说过一句话：各美其美，美人之美，美美与共，天下大同。我想用这句话来总结我在力德、在静安、在上海感受到的一切，最为合适不过。希望未来，我能发现更多这个城市不同角度的美，也希望我能为这份美丽贡献更多的价值。

健康智谷的绅士

摩根（Morgan）
上海英然文化传播有限公司
翻译：魏越

创业人物：摩根（Morgan），上海英然文化传播有限公司管家学院培训总监。在世界葡萄酒胜地、法国人心目中最理想的城市波尔多完成了他的酒店管理专业。近十年的职业生涯在巴黎、摩纳哥、新加坡和上海等多家奢华五星级酒店担任餐饮主管以及酒店西餐部总经理等高级管理职位。

上海英然文化传播有限公司——英然（T. I. C），创立于2013年，致力于为中国精英家庭提供优质文化体验与生活服务。每位员工均拥有良好的海外留学背景，熟悉和热爱西方文化及生活方式，确保能够独立执行每一个高标准的项目和为客户提供高标准的服务。

2017年9月11日下午，上海市静安区就业促进中心的工作人员来到健康智谷，对摩根先生进行了采访。

您为什么选择在上海创业？

上海是个多元化的大城市，每天都有新鲜的事情发生。我们在中国的商业活动始于上海，有利于向全中国拓展业务，并且我的合作伙伴是上海人，我选择了他们，他们选择了上海。

您对自己行业的未来发展有什么看法？

我认为我很幸运地选择了服务行业，因为未来的社会，不同的行业不同的工种，很多事情可以被人工智能所取代。比如汽车制造业、建筑业，可以被机械自动化代替人工。我们的行业是需要人去传递感情和行为，分享知识和文化，所以我们的行业是特殊的，并且有很大的发展空间。

当今是一个多元的世界，您认为多文化融合对您的事业有何意义？

在此之前，来自西方的很多人有一些错误的观念，他们认为他们为中国及亚洲的其他国家带来了先进的教育理念和方法，我认为这种想法百分之一百是错误的。在我看来，把西方文化和东方本土文化的优势及长处结合起来，融合碰撞后，能产生很多新的东西，这非常有趣，所以我认为文化融合非常有意义。虽然我来自西方，来自法国，但是在这里，我每天都向当地人包括我的团队我的中国客户学习中国的语言和文化。

据我们了解，您之前是在五星级酒店担任高级管理职位，您为什么选择加入一个新创业的公司？

在来这个创业公司之前，我已经在酒店行业工作12年了。我之前工作的地方是高档的五星酒店或者高档的法餐厅，会遇到汽车制造业、教育行业等很多行业的老板，他们和我聊天的时候，对我们的服务给予了高度的评价，希望我们提供一定的培训来改进他们的企业。我是一个乐意分享我的知识和技能的人，我并不想一直在酒店行业工作，后来我想也许我可以从事培训工作，给更多的行业和人提供培训，让他们的企业变得更好。

你在中国有什么印象深刻的事情？

我在来到中国工作之前在亚洲很多国家工作过，也来过中国很多次，但是当我来到中国工作的时候，很多当地人对我说，虽然我是一张典型的西方面孔，但是觉得我的很多想法和做法很像当地人，他们对我的肯定让我印象深刻。

那么你认为是在什么环境或者场景，哪些事情或者语言让你觉得很受触动？

中国人对法国人似乎有些不好的印象，往往会贴上非常懒、脾气暴躁等的标签，但是在一次活动中，我改善了我的一些中国同事对法国人的印象。那是一次中餐的活动，由于我擅长的是西餐，我对他们说，你们有任何意见或者想法都可以对我说，告诉我理由一二三四五，我会认真倾听并学习，你说的有道理，那我就虚心接受学习。同事们对我这点非常认可让我很受触动。

在您看来政府部门在扶持创业工作中还应该改进的地方有哪些？

我们是一个非常有趣的创业公司，致力于让一些人的生活质量得到提升。虽然我们的公司是初创企业，并且规模也不是很大，但是我们公司的管理层全都拥有良好的教育背景，每个人都有留学经历，视野开阔，管理理念先进，热爱中西方文化。我认为我们是一个非常有潜力非常有能力的公司，我们非常希望政府能给我们提供一些曝光的机会，让更多的人了解我们。

XNode 的 247tickets

Greig Charlton
上海炽炎文化传播有限公司

创业人物：在英国获得生理学和解剖学的学士学位后，他和家人选择来到中国上海发展。在华东师范大学学习了一年的语言文化课程之后，Greig 开始了在商业上的第一次尝试，他创办了 Shanghai247，这是一家网络推广平台，两年之后 Greig 意识到在票务市场上有机会做一些事情，于是和几个志趣相投的人一起联合创立 247tickets。

247tickets 可以帮助消费者在中国内地甚至海外找到最好玩的活动、最有趣的体验和最酷的旅行。通过分析用户数据，可以更好地为客户推荐高质量的信息，客户可以轻松选择他们业余时间想参加的活动并进行购买。我们有着一个年轻的国际化团队，专注于打造更好的产品，研发更高端的科技，提供更好的服务，我们相信通过努力可以让我们做的事情为大家的生活带来改变。

XNode 的工作人员对入驻园区的 247tickets 的 Greig Charlton 进行了采访。

您对中国政府提出的"大众创业、万众创新"是怎样理解的？

我的理解是这样的：每个人都应该有机会成为一名企业家，每个人都应该有机会开创自己的事业并取得成功，每个人都应该有创造性的能力，因为他们不仅要塑造更好的自己，还要让世界变得更美好。

为什么选择在中国上海创业？为什么选择此创业园区创业？

上海对我来说是一个创新的地方，上海让我们有机遇能够轻松快速地建立和测试我们的商业模式。上海非常专注于帮助创业者成功创业和发展，这是我们在这里创业的一个重要因素。在完成了我们的加速器项目后，我们想要搬到一个能给我们提供支持和帮助的办公场所。Xnode 创极无限完美地满足了我们——他们懂得一个创业公司的需求，他们给我们的资源和建议对我们的发展是无价的。他们是为了满足创业的需要而设立的，这里的每个工作人员都知道创业的压力和挑战。

您选择的创业领域对未来的发展前景是怎样认识的？

我们关注我们的用户需求，旨在为我们的用户提供更好的服务。247tickets可以将我们的用户与中国大陆和其他地区最棒的活动、经历和旅行联系起来，通过对平台的数据分析，我们看到当地和国际的消费者有巨大的增长。我们要为用户提供更多这样的机会，使他们从中获得更多的感悟和学习，在体会这一切的同时也反过来影响并感染着他人，我们想成为帮助他们最大限度享受生活的平台。

当今是个多元的世界中，各种文化的融合对创业有何意义？

我们相信不同文化的融合会让我们发展得更好。事实上，如果我们的团队不是多元文化的，我们也就不会在这里。只有当不同的文化为了更大的利益而共同努力时，才能发挥更大的作用。当我第一次来到上海时，我对中国文化知之甚少，但我知道只有不断学习多元文化、从身边各种人和事中学习才能取得成功。247tickets的成长是因为我们听取了每一个团队成员的意见，每个人都有一个应该被倾听的声音，多元文化团队的建议促使我们做出每次的商业决定。

您来到上海创业是带着自己的团队吗？

我们一直在寻找最好的团队——我们现在所拥有的团队需要时间和耐心，但当我们团队建设时，我们会保持开放的心态。你有什么经验并不重要，只要你愿意成为一个快速成长的多元文化团队的一部分，他们认为只有最好的人才足够好。每一个为247tickets工作的人都将自己的个性加入到团队中，我们一起加速了公司的发展。组建一个团队是困难的，但如果团队足够好，你会看到非常好的效果。团队是公司最重要的一个方面。

一个良好的创业团队应具有哪些主要的条件？

一个优秀的团队需要有优秀的人才，他们准备共同努力创造令人惊叹的东西。我们团队的每一个成员都和其他人一样重要，建立一个优秀团队无疑是非常重要的。作为一个初创公司，我们的团队必须做好在公司各方面工作的准备，他们没有固定的角色，必须适应不断变化的业务需求。要成为优秀的团队成员，每个人都必须走出自己的学习之路，与公司一起成长。

到中国上海来创业以来，您是否遇到过给您留下深刻影响的事情？

我在上海的这段时间里，我试着从我所做的每一件事、每一次经历和每一个人身上学习。我很难挑出任何具体的东西，但我与上海的每一次互动都帮助我加深了对文化的理解，因此也为公司的成功带来了一些有利的影响。

在您看来政府部门在扶持创业的工作中还应改进的地方是什么？

对于一个创业者来说，最大的挑战之一就是找到一个你可以依赖的支持体系。在我看来，政府正朝着正确的方向发展，为崭露头角的创业者们提供一些支持，当然，支持越多越好。创业的竞争，合作的空间，获得当地政府的建议，与大公司或成功的企业家的交流将会为年轻的创业公司和创业者带来更好的发展，并且这种互动会形成一个良性的商业生态系统。

我们
如果我是你……

猜，我们是谁

陈国伟
上海市静安区就业促进中心
创业指导科　创业咨询师

褪去了学生的青涩，从事创业扶持工作已有些年头。久了，也会思考一些问题，我时常会想创业者在初创期到底需要些什么？钱？场地？团队？客户？创业真的需要很多东西，这些统统可以称为"资源"。如果我们的工作是把这些资源整合起来，有效对接，那么对于创业者来说一定是有实际意义的。

我们只是资金的搬运工

为了响应李克强总理"大众创业、万众创新"的号召，《上海市鼓励创业带动就业三年行动计划（2015—2017）》已进行到第三轮的第三年。国家把扶持创业放在经济发展的重要位置，静安区也不例外，在过去三年，我们不断加大在扶持创业方面的资金投入。

扶持创业的专项资金来自纳税人，必须最大化发挥资金的使用效益，把资金用在刀刃上。初创企业往往都会面临资金紧缺的问题，注册要用钱，租赁办公场所要用钱，经营运作更需要用钱……现在有开办费补贴、贷款贴息、社保费补贴、房租补贴、孵化补贴等创业补贴政策。有了这些创业补贴政策，初创企业能很大程度上降低运营成本。但如何规范、高效地把这些补贴资金发放到初创企业手中，是我们每个扶持创业工作者的工作，除了遵守相关规则外，还要有一颗充满爱、强有力、矢志不渝的责任心。我们就是这些补贴资金的搬运工，制定合理的政策和流程，让扶持创业的专项资金抵达有需求的初创企业，不做锦上添花之事，我们必是雪中送炭之人。

我们只是资源的中介人

在静安区，有这样一支为初创企业提供咨询、指导、服务的队伍——专家志愿团。专家志愿团已经走过18个春秋，他们由一群具有奉献精神，热心社会公益事业，在创办、管理企业方面有丰富经验或专业特长的企业家、职业经理人和行业专家学者组成。这是一个非常强大的扶持创业资源综合体，人们口中的"人脉"莫过于此。我们相信，每一位加入志愿团这个群体的专家，都是为了帮助更多的初创企业少走弯路，更好地发展下去。那么，运行合理的机制，调动专家志愿团成员们的积极性，让专家志愿团与初创企业携手面对困难，解决初创企业成长中的各种问题，不仅能帮助初创企业在无形中降低成本，也能提升专家志愿团成员的自我价值感和荣誉感。当初创企业在这样的创业氛围中成长为一棵大树，它很容易会成为下一个指导专家，去帮助其他的初创企业。为了这种反哺社会的模式能有效循环，我们这些扶持创业的工作者就应该努力扮演好"中介"的角色。把专家志愿团按照行业细分，将初创企业遇到的问题精准匹配合适的专家进行结对帮扶，甚至在遇到综合、复杂的问题时，请多个相关方面的专家进行联合诊断。

我们只是政策的宣传者

企业离不开营销，只有通过营销才能让更多的客户了解企业，知晓他们提供的服务和商品，企业才能得以生存与发展。那我们呢？我们的想法很多、积极性很高，我们总是想着如何帮助有创业意向的人成功创业、成功创业后的企业如何生存、如何做得更大更强。我们手里握着的资源也许是某个初创企业需要的，但是信息的不对称，往往导致一方握有资源找不到帮扶对象，一方有困难但求助无门。在这个信息化发达的时代，人们往往会选择去网络上寻找问题的答案。即使如此，仍有很多企业会向我们表达，很希望政府的门户网站有一个平台可以及时查到有效的信息。目前，我们也在利用新媒体来进行"自我推销"，微信公众号"海纳百创""静安人社""静安就业"都是为了让初创创业者快捷、高效地找到对自己有用的信息。也许，我们也可以为自己代言。

我们只是园区的服务生

习近平总书记提出建立"公平、高效、廉洁"的服务型政府、"让人民群众有更多获得感"。我们的创业扶持工作也是服务型工作，把权力转化为服务是我们工作的核心，用市场无形的"手"来替代我们有形的"手"，最大限度减少对创业者的"干预"，让初创企业在真正的"现实"中生存。准确地处理好"政府、创业者和园区"三者之间的关系是政府责任和社会责任的重要体现。我们作为创业服务工作者服务创业园区，创业园区作为孵化平台服务创业者，我们都是创业者的服务生。

我们只是创服的探索者

我们创服工作也是一种创业，是在原有工作经验和方法的基础上进行二次创新。2015 年 7 月 4 日，国务院印发《国务院关于积极推进"互联网+"行动的指导意见》。通俗地说，"互联网+"就是"互联网+各个传统行业"，但这并不是简单的两者相加，而是利用信息通信技术及互联网平台，让互联网与传统行业进行深度融合，创造新的发展生态。创服工作也要搭上"互联网+"的快车，而怎么找到创服的"互联网+"则是我们需要思考的问题。利用人工智能、大数据等科技手段提供更高效快捷、精准有效、简化易行的创业服务是我们创服工作者应该积极探索的道路。去粗取精、去伪成真、由此及彼、由表及里，是我们不懈的探索和追求。

我们是谁？我们只是一群从事扶持创业工作的"小助手"，哪里需要我们，我们就去哪里；我们只是一群从事扶持创业工作的"黏合剂"，做我们该做的事，整合资金、人力、新媒体、社会等更多的资源。我们思考、我们行动，努力为创业者打造理念更新、政策更实、环境更优、服务更好的创业服务生态圈。

你来创，我来帮

刘忆维
上海市静安区就业促进中心
创业指导科 创业咨询师

作为一线创业服务工作者，我们每天和形形色色的创业者打交道，分享他们的喜悦，倾听他们的辛酸苦辣，感受他们创业路上的跌宕起伏。

新三板企业的老板说："我们差点就烧钱烧的撑不下去了，最近看看竞争对手们纷纷倒下了，我们终于活过来了！"

经营鱼缸生意的养鱼人说："办公场地说要动迁了，我搭建的器材都在里面，我投入的一大半都没有了。"

做文化创意的广告人说："我跟原来的合伙人闹翻了，我们的理念不同，我想要试试自己来做。"

精通维修的小伙子说："你看我的手，一看就是干活的手，我累一点不要紧，我很喜欢。"

高科技企业的创始人说："我们不学西方的算法，我们用自己的算法来研发，这才是创新。"

场地、资金、技术、团队、客户等种种元素每天都萦绕在创业者的脑中，每一项都可能在不经意间出现问题，而初创企业更需要政府创业政策的扶持，那么我们如何把创业服务做得更亲民、更贴心？

好政策更需要落实好

"这次有点可惜，错过了申请的时间。"要是创业者不了解政策，扶持资金就难以兑现，因为不熟悉办事流程，错过申请时间就很可惜。

我们通过宣传折页、现场宣讲、微信公众号等线上线下各种宣传方式，力求不断扩大政策宣传的覆盖面。如今不少创业者已经知道我们的政策，但常常因为各种原因错过申请时间，这就需要我们不断提高管理和服务水平，做到精细化管理，提供"保姆式"服务。显然，这依靠几个人的力量远远不够，需要联合创业园区、街道社区，实现信息互通，做好初创企业的跟踪，在关键时间节点上确保企业及时与相关部门对接，帮助企业进行资料完善，让创业者们真正享受到静安区关于创业扶持的好政策。

专业事让专业人来做

"我该怎么注册公司，可以代办吗？"初创企业似乎对工商注册、代理记账和法律咨询特别头疼：没有资源、不懂行情、怕找不到正规的代理机构也更怕被骗。

帮助初创企业把好关，提供可靠的创业中介服务，对初创企业而言尤为重要。政府若以购买服务成果的形式，鼓励各类会计、税务、法律、咨询机构为创业者提供便捷的专业服务，不但可以为初创企业开个好头，也是为初创企业规范经营打下扎实的基础。

创业服务也要私人订制

"我准备得差不多了，现在就这几件事还没着落。"每个初创企业没着落的事情千差万别，特别需要为初创企业提供"一对一"的量身订制服务。

传统的创业培训和讲座似乎不那么受到青年创业者的青睐，他们更需要有针对性和高效率的指导来解决实际问题。私人订制的创业服务需要我们整合政策、资金、导师、园区、项目、服务等多方资源，为创业者盘活资源，牵好线搭好桥，当好"月老"，按需订制，促进企业个性化发展。

怀揣梦想，面对现实，对于创业而言，梦想与现实背离者十之八九，创业需要激情，更需要强健的体魄和坚强的意志，坚持熬过失望之冬，或许就迎来希望之春。你创我来帮，你求我来忙，我愿帮忙，你愿来静安创一创吗？

创业驿站给力计划
——助力小微企业成长的"空中加油站"

赵佳林
上海市静安区就业促进中心
创业指导科　创业咨询师

小微企业发展到哪一阶段最需要政府支持,政府就应对那一类企业给予更多的关心,这是静安公共创业服务对扶持小微企业发展的关注点。"创业驿站给力计划"就是专门针对与区域经济发展相吻合的产业予以补贴的政策,实践证明富有极强的政策针对性。

政策设计针对的对象

自 2011 年以来,我区以"促进区域经济转型发展为导向,服务区域经济转型发展为根本"为原则,在静安区注册经营的小微企业存续一年以上,创业项目符合商贸服务业、金融服务业、专业服务业、文化创意产业、信息服务业产业导向的,在企业注册一年内,带动就业若干人,通过企业自荐或孵化园区、街道镇等其他部门推荐,可以申请"创业驿站给力计划"扶持创业专项补贴。

"创业驿站给力计划"在评审活动形式上,充分体现相关部门参与的广泛性、合作性、协调性;在评审的机制上,充分遵循"公平、公开、公正"为依据,在经过项目评估、资格审核、专家评审等环节后确认通过的,根据评审结果,予以公示,并给予 2 万—10 万元不等的一次性补贴。同时,按照静安区创建创业型城区工作方案,培育创业典型,开展创业明星企业和创业领军人物评选,对获得以上称号的企业和个人给予补贴,皋勋、俞建权、赵纪民等一批成功创业的典型脱颖而出。

获得补贴企业的特点

获得"创业驿站给力计划"补贴的企业都是有技术、有市场、有项目、有前景的优秀小微企业,该项补贴政策被企业亲切地称为"空中加油"计划。当企业项目发展急需扶持的时候,当企业资金岌岌可危可能被迫无奈放弃的时候,"创业驿站给力计划"如春风化雨般及时而至,成为助力企业成长的一剂"强心针"。以 2013 年至 2015 年评估为例,参与评审的企业 284 家,其中有 46 家小微企业获得补贴,发放补贴 322.5 万元。

1. 从获得补贴的企业行业类别分析:获得补贴的 46 家小微企业分别属于高端电子信息产业 18 家、高技术服务产业 11 家、新医药及生物产业 1 家、新材料产业 1 家、现代服务产业 15 家。从行业类别分布分析高新技术产业占 67%,现在服务业占 33%。被扶持对象以高新技术产业为主,现代服务业为辅。基本符合区域产业转型发展的导向,与服务区域经济转型为根本的原则相契合。

2. 从获得补贴的企业运营现状分析:获得补贴的 46 家小微企业中 43 家企业正常经营,3 家企业歇业,存活率达 93%;在正常经营的企业中有 40 家企业继续在本区经营,3 家企业迁移外区;有 35 家企业已经开始盈利,约占总数的 76%,8 家企业仍处在研发投资阶段,约占总数 17%。这些小微企业通过创业的扶持经营进入良性的快速发展阶段,经济后发效应初步显现,扶持效果是显而易见的。

3. 从获得补贴企业营业收入分析:在获得补贴的 46 家小微企业中,当年参加评选的企业总营业收入是 6 183 万元,到 2014 年总营业收入达到 26 236 万元;营业收入有明显增长 32 家,其中增长率 100% 以上 21 家;营业收入达到五百万以上 15 家。数据表明,通过创业综合扶持,企业开始有一定的收入积累,可以提升企业扩大再生产,小微企业发展势头具有广阔的前景。

4. 从获得补贴企业税收分析:获得补贴的 46 家小微企业中,当年参加评选的企业总税收是 286 万元,到 2014 年总税收达 1528 万元;10 家小微企业当年缴税费 50 万元以上,其中 5 家企业当年缴税费过百万元;从数据分析扶持后企业在营业收入增长的同时税收也在大幅上涨,小微企业在自身发展的同时也在为区域经济发展起到积极的促进作用。

5. 获得补贴的企业带动就业情况分析:获得补贴的 46 家小微企业第一年参加评选时总带动就业 559 人,目前总带动就业 1 238 人,平均每家小微企业带动就业近 27 人,其中带动就业 20 人以上 15 家,带动就业 50 人以上 5 家。获得各类技术专利著作权数 125 项,创业者均在专科以上文化程度。创业带动就业与企业自身的发展都处在良性发展阶段,企业顺利步入中期的发展时期。

政策实施 5 年来,有 175 户创业组织和个人获得扶持,发放补贴共计

739.5万元。这项政策支持的后劲在持续,政策执行的效果受到小微企业、扶持创业服务部门等多方面的高度评价。

政策实施评估的效果

1. 政策具有吸引性:政策设计具有开创性的思维,符合区域产业发展导向;政策设计贴合区域内大多数初创型企业的需求,对区域内初创型企业具有巨大的吸引力,极大地提高了区域内初创型企业的参与度。

2. 政策具有前瞻性:通过前期充分的调研区域内初创型企业经营情况,分析各类经济数据,前瞻性的预估出区域内初创型企业的潜在需求和有可能出现的经营性困难,使得政策落实更具有针对性和时效性。

3. 政策具有可持续性:政策落实的周期尽量延长,保证政策落实具有可持续性,让区域内不同时期的初创型企业都能平等、公平、公正地享受到政策红利。

通过多年评审活动的开展,"创业驿站给力计划"受到相关部门和小微企业的一致好评,产生一批创业优秀团队和带头人,经济后发效益正在显现。"创业驿站给力计划"俨然成为我区创业工作中的一个特色品牌,对形成良好的区域创业环境、加快区域产业转型起到显著的作用。

勇毅笃行，创新致远
——公共创业服务工作者感言

陈 欢

上海市静安区就业促进中心　办公室

静安，是创业的乐园、创新的沃土，有底蕴、有深度、有温度。

我们，是静安的公共创业服务者，有情怀、有态度、有担当。

人生如船，梦想是帆，创业就是一段扬帆起航的故事，而我们的创业服务就如桨如潮般为创业者保驾护航、助力梦想乘风破浪。

在创业服务过程中，有厚积薄发的努力，有静谧无声的付出，有凝心聚力的士气，有蹄疾步稳的创新。

为创业者圆梦的过程，何尝不是我们圆梦的过程？

在静安区着力打造创新创业活力城区的过程中，我们也在为建设"国际静安、圆梦福地"献出一份力。

创业之路，你我同行；圆梦征程，书写精彩。

"打造创业服务强磁场"——我们的坐标在哪里？

作为公共创业服务机构，在创业服务供应链中，我们要着力整合市场多元化、碎片化的资源，为创业者提供综合联动的创业服务平台，用丰富的创业资源、多种服务方式打造"创业服务强磁场"。

创业服务也可以很有趣。我们举办的"腌 do 鲜"互联网众创沙龙，聚焦 70 后、80 后、90 后行业代表，"鲜肉""咸肉""春笋"们深刻却不失幽默的创业对话，煮出一锅别有滋味的创业盛宴。我们还邀请资深专家与知名学者进行点评，来一场头脑风暴，得出多个全场认可的解决方案。

创业服务也可以很文艺。我们与上海戏剧学院合作，举办"上戏创业计划大赛"，成立大学生创业指导站，搭建创业展示平台，充分凸显上海戏剧学院文化产业集聚优势，形成文创产业内循环创业服务链，并组建实践经验丰富、社会资源分布合理、具有市场敏锐度的专家团队，做好"最后一公里"的精准对接。

创业服务也可以很高端。我们开展"小大之道""成长之道""出发吧，兄弟"、区政协委员创新创业专题分享会等形式的创业面面谈活动，针对企业关注的热点话题，整合精英力量、聚集各方资源，与创业者面对面深入交流，助创业者想得更深、看得更远、抓得更准、创得更活。

我们找准服务的"坐标"：关注小微企业，努力帮助他们落地生根做大做强；我们细化服务的"刻度"：尊重市场活力，充分发挥市场化优质资源配套；我们增强服务的"磁力"：提供支撑保障，持续营造良好的创业氛围，从而激励创业者奋勇前行勇搏市场。

"授人以鱼与授人以渔"——我们为创业做什么？

创业服务要做什么？在企业初创期，授人以鱼，比如提供创业贷款、房租补贴等，犹如雪中送炭，可助力创业者成功度过企业的初创期；再比如产品上下游对接，找市场出路等"扶上马，再送一程"。从长期看，授人以渔，帮助创业者提升企业综合生存能力，才是关键。

在授人以鱼到授人以渔的过程中，"创业驿站给力计划"应运而生。该计划的初衷是为存活一年以上有成长潜力的企业予以中途加油，通过项目评估、资格审核、专家评审等环节，挖掘符合区域经济发展导向、科技含量高、品牌创新强的企业，根据综合评审结果给予符合条件的优秀企业和项目一次性补贴，帮助这些有市场前景、发展潜力的初创企业在企业发展急需扶持之时度过"黎明前的黑暗"，进一步发展壮大。同时，通过开展"中小微企业创业领军人物和创业明星企业评选"等创业赛事，为创业者和创业项目提供展示平台和资本、导师、孵化对接，提升小微企业的核心竞争力，厚植创新沃土，培育创业典型，打造静安的创业名片。

我们的创业服务既要扩大覆盖面、调整针对性，更要提升可持续性，从授人以鱼的"助力"到授人以渔的"发力"，从循序渐进的量变到质变的飞跃，推进创业企业自身综合实力的稳步提升。

"切准创业脉搏"——服务创业永远把握的，就是需求

随着社会经济的发展，时下创业者的创业初衷已从曾经的生存型创业向机会型创业、创新型创业、梦想型创业转变。但无论如何，对创业者来说，存活、发展是永恒的关键字。

在创业服务中，我们量体裁衣以需求为导向，不是我们能做什么，而是我们应该要做什么。深度把握创业者脉搏，注重需求细分，梳理需求清单，并制定个性化的解决方案，做好需求对接，打通创业壁垒。以资金需求为例，细分需求类型：资金需求量多少、需求周期多长、需求的紧急性如何，需求原因是出于偶发因素还是关联因素。需求对接中，不同发展阶段、不同类型的企业需求各不相同，有的是小额贷款、利息补贴等基础融资需求，有的是风投、股权投资等高阶融资需求。我们打造"政府创业扶持政策＋商业贷款＋资本市场类"阶梯式的社会化融资模式，通过政府扶持，搭配社会化的创业增值服务，减少创业者创业成本，丰富创业资源。在注重需求个性清单的同步对接时，及时跟踪反馈对接情况，切实解决瓶颈和困难，力求服务落到实处、取得实效。

每一个创意都蕴含无限力量，每一个创意都值得被点亮，在关注高大上的同时，更要呵护小而美的创意。让创意落地，让梦想成真，是创业服务始终追求的。

"刷出创新举措"——服务创业永远不变的，就是变化

双创的滚滚洪流下，"众创空间""互联网＋"等新概念、新模式不断涌现，新产业、新业态、新技术、新模式"四新"经济需求不断增加，在这样的时代背景下，我们的服务应该是动态的、与时俱进的。

在创业孵化上我们刷出新举措。规范园区管理、完善园区准入机制，全方位渗透服务，提升园区的服务品质；在扶持政策上我们刷出新举措。覆盖面更广之余向重点产业与区域经济发展方向倾斜，创造更好的创业环境；在融资平台上我们刷出新举措。建设集信息、数据和交易为一体的可扩展型金融在线服务平台，推进融资便利化、多元化。

导向跟着问题走，市场跟着导向走。创业环境瞬息万变，我们要不断提升市场的敏感度和洞察力，敏锐地把握市场变化的动态和方向，做到以变应变。随着我区国际化程度越来越高，国际化创新创业人才需求也就越来越多，相关的扶持创新创业的政策也就适时跟进，进一步服务国际人才，打造"国际静安"的创业服务品牌，营造充满活力的双创环境。

变是市场的真理，变是不变的规律。我们紧贴市场，不断提高对市场的研判能力，找准切入点和着力点，瞄准靶心精准发力，不断创新服务之路。

"栽好梧桐树，引得凤来栖。"今后，我们的创业服务既要"筑巢引凤"，更要"引凤筑巢"，不仅以硬实力打造吸引力，而且以吸引力打造软环境。创业服务之路，任重而道远；创业服务之路，我们勇毅笃行，创新致远。

编后语

因为服务创业，有机会结识熟悉了一批创业者，其中不少是"棒棒哒"创业成功人士。创业者的故事总是那么激动人心、催人奋进，面对精彩多多的创业"料"，萌发了记录创业者成功之道及其心路历程的想法，于是便有了这本书的构思，非创不可！

说干就干！静安创业服务团队一向如此，大家用创业的心态、创业的激情去编创这本书。也许是为创业者的精神感动和感染，编辑工作人员从书名的争论、章节的策划、内容的取舍、配图的风格、封面的装饰、样稿的审校，无一不呕心沥血，认真推敲，无论是深夜凌晨还是节庆假日，大家依然忙碌着，辛苦并快乐着。

开卷静思，这本书是否符合初衷？是否达到预期？忐忑不安的心情，也许还会延续，接受读者的指教、批评，心里有了准备，顿时释然了许多。

感谢上海市人力资源和社会保障局张岚副局长，静安区委常委、区人民政府副区长刘燮为本书作序，感谢晒出创业故事的创业者们及专注服务创业的各位创业导师们，感谢所有为此书付出辛勤劳动的各位！

最后校稿之际，已是党的十九大闭幕。我们国家步入新时代，创新创业迈入新时代，创业服务迎接新时代。

新时代，创业风景静安独好！

2017 年 10 月 28 日凌晨